PORTER L'ÉPÉE ?

Mona Ozouf, Pascal Ory
Sylviane Agacinski, Marc Lambron

PORTER L'ÉPÉE ?

Allocutions prononcées à l'occasion
de la remise de l'épée
et
Discours de réception à l'Académie française

ÉDITIONS DU SEUIL
*57, rue Gaston-Tessier, Paris XIXe*

ISBN 978-2-02-158846-0

www.seuil.com

Comité d'honneur du comité de l'épée

Présidente
Mona Ozouf

Isabelle Alfandary
Marie-Anne Bernard
Adrien Bosc
Bertrand Delanoë
Lydia Flem
Anne Goscinny
Hugues Jallon
Denis Kambouchner
Catherine Millot
Sylvie Pierre-Brossolette
Dominique Schnapper
Jean-Noël Tronc
Monette Vacquin

L'Épée

Allocutions prononcées à l'occasion de la remise de l'épée à Sylviane Agacinski

Préambule

par Mona Ozouf,
présidente du comité de l'épée

Pour Sylviane

Ma chère Sylviane, nous voici réunis ce soir pour vous remettre votre épée d'académicienne. Vous n'avez donc pas cédé à la tentation de repousser comme incongru ce symbole viril, qui a engagé voici peu Chantal Thomas à le remplacer par un très féminin et très gracieux éventail japonais. Tel n'a pas été votre choix, et en y réfléchissant, je crois qu'il dit quelque chose de vous ; car en relisant, et parfois en lisant pour la première fois vos textes, dans l'intention de faire de vous un portrait intellectuel, je découvre la constance d'une pensée audacieuse ; si bien que si je devais choisir un seul mot pour définir votre travail, je dirais que c'est celui d'intrépidité qui vous convient le mieux. Et il n'est pas alors trop d'une épée pour affronter les périls d'un temps qui nous met souvent face aux conflits, voire à une guerre sainte, comme l'annonce le titre de votre dernier livre.

Cette intrépidité se mesure d'abord au choix de vos

sujets. Vous êtes une philosophe, donc vouée à un inlassable questionnement. Ce sont les questions classiques de la philosophie qui vous retiennent, le déterminisme et la liberté, le rapport de la culture à la nature, le lien qui unit, ou désunit, le religieux et le politique. Mais ces problèmes canoniques, vous les rapatriez dans un monde conflictuel et agité, le nôtre, et dans une actualité où la rumeur médiatique le dispute à l'argumentation réfléchie, où la polémique est reine. Vous semblez élire avec prédilection les terrains minés, et votre lecteur se demande ce qui vous pousse à prendre ces risques.

À cette question vous avez répondu, à votre manière délicate et discrète, en confiant que vous vous y sentiez « obligée ». L'obligation est une contrainte d'un genre très particulier. Elle n'appartient pas à l'ordre des devoirs extérieurs, dûment formulés dans une loi morale objective, mais au sentiment subjectif de ce que nous nous devons à nous-mêmes. Ce sentiment a partie liée avec la démocratie : en régime démocratique, tous les liens humains doivent être consentis et l'obéissance à la loi elle-même réclame l'assentiment de notre tribunal intérieur.

Cette nécessité subjective est chez vous à la fois le fruit d'une appartenance affective et d'un diagnostic réfléchi. D'abord l'appartenance, la vive conscience d'appartenir à une lignée. Passent alors dans vos pages les silhouettes d'un grand-père polonais boiseur de mines venu travailler dans le nord de la France et d'un père auquel l'école communale a enseigné à troquer les rois de Pologne contre les rois de France ; mais davantage encore à capter la promesse républicaine d'une patrie seconde aussi précieuse que la première bien qu'adoptive, car faite de choix, de préférence, de volonté, de travail. C'est la fidélité à cet héritage qui aujourd'hui encore vous « oblige ».

Mais votre intervention dans le débat public tient aussi à la contemplation inquiète du monde tel qu'il va. L'exaspération des rancunes nationales et de la défiance politique, le perfectionnement des armes de destruction, la multiplication des signes de l'inhumain, la conviction que la folie meurtrière campe aux portes mêmes du collectif, le soupçon que nous pouvons perdre en un instant les libertés si laborieusement acquises : tout cela contribue à votre engagement dans la cité, et requiert votre intrépidité.

Si je devais maintenant qualifier celle-ci, je dirais, en risquant l'oxymore, que c'est une intrépidité calme, patiente, et sans cesse relancée par l'événement. Calme, parce que votre expression n'est jamais péremptoire. Patiente, parce que vous n'hésitez jamais à entreprendre des enquêtes impressionnantes par leur étendue et par leur sérieux ; et à ce propos vous notez aussi qu'à peine avez-vous entamé un travail ou commencé un livre qu'ils vous contraignent mystérieusement à les poursuivre. Eux aussi vous « obligent ».

Qu'il s'agisse donc d'évaluer la capacité subversive du jihad en France ou de dire si la philosophie chrétienne des origines reproduit la hiérarchie des sexes que vous avez découverte chez les Grecs, chez l'Eschyle de *L'Orestie* ou chez le Platon du *Timée*, vous explorez bravement des contrées étranges, des œuvres venues d'une histoire lointaine, mais toujours capable d'éclairer le présent. Vous me faites souvent penser à Simone Weil, la philosophe qui, pour soutenir les ouvrières du Puy en grève, entreprend de leur lire et de leur expliquer Sophocle. Chez vous aussi les grandes voix du passé, nullement périmées, vous aident à entrer dans les nouveaux questionnements.

En veut-on un exemple ? Rien ne paraît mieux établi aujourd'hui que la doxa féministe qui donne la primauté au « genre » sur le sexe. Le sexe est cette donnée naturelle qui fait naître les humains dans des corps sexués, première rencontre, dès le berceau, avec la nécessité. Nous ne l'avons pas choisi, mais reçu, alors que nous vivons dans l'espoir, ou l'illusion, de tout choisir de nos existences. Le genre, lui, est une donnée sociale et culturelle, faite de la longue sédimentation des images, des représentations, des symboles, des statuts et des rôles, qui varient avec les temps et les espaces. Nous ne le choisissons nullement non plus, mais, comme il a été construit, nous pensons pouvoir le « déconstruire », vocable fétiche des militantismes d'aujourd'hui. Le « genre » semble donc, ce qui fait sa fortune, ouvrir plus d'espace à la liberté que le sexe. Pour une part vous en convenez vous-même, à partir de votre riche réflexion sur le théâtre. Les héroïnes d'Ibsen vous ont appris qu'on peut parfois, dans la vaste panoplie culturelle des rôles, élire celui qui permet d'échapper à la fatalité des destins féminins.

Mais ces exemples lumineux n'empêchent pas vos interrogations de bourgeonner autour des problèmes que soulève l'effacement contemporain du sexe au profit du genre. Est-il sûr que la construction sociale, échafaudage d'habitudes devenues seconde nature, soit plus facile à défaire que la première ? Et à supposer qu'elle le soit, cette déconstruction parvient-elle à effacer la conviction qu'il y a bien deux sexes, donnée biologique impossible à réfuter puisque chaque sexe a besoin de l'autre pour engendrer ? Peut-on, comme le soutient une théoricienne maximaliste comme Judith Butler, nier qu'il y ait quelque chose comme du « féminin » ? Et s'il n'y a plus de féminin, peut-il y avoir un féminisme ? Enfin, question qui sous-tend toute votre philosophie de l'incarnation : les êtres humains peuvent-ils vivre selon des normes abstraites ?

Tout cela peut et même doit se débattre paisiblement, mais notre époque ne l'entend pas ainsi. Nous vivons dans une police de la pensée et du langage. Elle interdit désormais à certaines questions d'être posées, à certains mots d'être prononcés. Et cette censure s'exerce paradoxalement dans le lieu même de la confrontation des idées, l'Université. C'est ce qui vous est arrivé, chère Sylviane, à Bordeaux où vous étiez invitée pour une conférence sur « l'être humain à l'époque de sa reproductibilité technique ». Quelques groupuscules ayant menacé de l'interrompre, et l'Université se sentant incapable d'assurer votre sécurité, vous avez dû y renoncer. C'est l'occasion de méditer avec vous sur cette réflexion d'un de nos grands auteurs féministes, John Stuart Mill, que vous citez affectueusement ; il affirme que la liberté de contredire une opinion est une chance pour cette opinion, une occasion de s'approcher au plus près de la vérité. L'épée que vous allez porter est sans conteste celle de la liberté puisqu'elle contient, empruntée à Euripide, la promesse du surgissement de l'inattendu dans nos vies. Et ce qui entre avec vous sous la Coupole, chère Sylviane, à notre grand plaisir, c'est la courtoisie et la fécondité du libre questionnement.

Remise de l'épée à Sylviane Agacinski

par Pascal Ory
de l'Académie française

Merci, madame la Présidente…

Comme sans doute quelques personnes de l'assistance, je viens de retrouver dans votre discours les qualités – à dire le vrai, exceptionnelles – qui font que nous sommes si nombreux à vous admirer – voire plus.

Vous qui avez si bien parlé des rituels de la Révolution française, vous avez accepté aujourd'hui de participer, comme moi, à un rite académique.

Pour celles et ceux qui n'auraient pas encore compris que les sociétés tiennent par le symbolique – et, par conséquent, s'effondrent quand elles en sont privées –, je les renverrai, chère Mona, à votre discours aux Archives nationales, pour la remise de l'épée de Pierre Nora, discours dans lequel, recevant un historien, vous aviez décidé – je vous cite – de faire « quatre pas en dehors de cette solennité » et aviez, délibérément, surtout parlé de littérature. Suivant votre exemple, convié à remettre une épée académique à une philosophe, je vais surtout parler d'histoire, voire d'anthropologie, autrement dit – prononçons un gros mot – de sciences sociales.

Pour mieux comprendre ce qui va suivre, rappelons en effet que cette remise d'épée est le deuxième d'une série de trois rites, jalonnant l'entrée du nouveau confrère, de la nouvelle consœur au sein de notre compagnie – puisque « compagnie » est le petit nom que nous utilisons entre nous pour parler de nous.

Demain aura lieu le troisième rite, le plus solennel, la « réception sous la Coupole » – les quatre mots disent tout. Jeudi dernier a eu lieu le premier, le plus intime, réservé à la compagnie, rite dont Sylviane Agacinski est sortie désormais en capacité de participer pleinement à nos travaux, y compris à nos fameuses élections...

Entre les deux, cette remise d'épée présente d'autres caractéristiques : elle est ouverte à un certain public, comme la Coupole, mais moins solennelle qu'elle et, pour tout dire, familiale.

Les invités rassemblés ici, cet après-midi, le sont d'abord parce que notre consœur les a conviés à ce rite, mais aussi parce que beaucoup d'entre elles et d'entre eux ont participé à la souscription attachée à cette épée ; il n'y a pas d'amour, rien que des preuves d'amour : cette formule signée d'un poète convient totalement, on s'en doute, à un historien.

À cette vaillante cohorte se sont ajoutés, car telle est la liberté académique, celles et ceux des membres de l'Académie française qui, voyant de la lumière – mais on peut penser qu'ils y ont mis d'autres raisons –, ont décidé d'entrer, à 17 heures, le mercredi 13 mars 2024, dans le salon Joséphine de l'hôtel Lutetia. Au nom de Mona Ozouf – qui, malheureusement pour notre compagnie, n'a jamais voulu se présenter à l'Académie, malgré l'insistance de plusieurs confrères comme François Furet ou Pierre Nora –, et au nom de Sylviane Agacinski – qui, fort heureusement, a décidé de se présenter –, chers confrères, chères consœurs, je vous remercie.

Je viens de parler, chemin faisant, de coutume et de liberté académique – de liberté tout court. C'est bien de cela qu'il s'agit.

Nous sommes réunis ici par pure coutume, puisque aucun règlement ne régit cette cérémonie, puisque cette épée n'est pas obligatoire – ce qui fait que tout le monde la porte au moins une fois, le jour de la Coupole – et puisque, brochant sur le tout, l'épée en question peut être, par exemple, un éventail japonais : l'essentiel étant de nommer le symbole « épée ».

Voilà aussi pourquoi nous ne sommes pas accueillis cet après-midi à l'Académie mais dans un lieu que nos contemporains appelleront sans doute du nom, pour moi toujours un peu bizarre, de « société civile ».

Ici commence, sans doute, le portrait chinois de Sylviane Agacinski, avec le choix – faute du palais du quai de Conti – du seul « palace » de la rive gauche. Non pas parce que notre consœur aurait la folie des grandeurs mais, bien au contraire, parce qu'elle a choisi d'abord une adresse à deux pas de chez elle – et à trois pas de chez Mona –, ensuite parce qu'elle sait bien que ce lieu d'hébergement et de restauration a participé – bien malgré lui – à la Grande Histoire – l'Histoire avec sa Grande Hache –, entre occupation allemande et retour des déportés, entre l'image violente d'une oppression et l'image plus émouvante d'une libération.

À lire les bâtiments comme des monuments, les maisons comme des livres, je me risque ici, on le voit, à bordailler le long de la philosophie. Je ne m'aventurerai pas plus loin sur ce terrain : il y a des limites à l'imposture. Je me contenterai de dire deux mots, sous l'égide de l'histoire culturelle, pour saluer en notre consœur une belle figure de ce que je n'hésiterai pas à appeler la philosophie morale. La philosophie morale, ça se parle, ça s'écrit, mais, d'abord, ça se prouve en actes.

Sylviane Agacinski est, comme il se doit dans ce vieux pays monarchique et catholique, de corporations et de cléricature, une agrégée de philosophie – mais elle fait partie, bizarrement, de ces professeurs agrégés de l'enseignement du second degré qui ne rechignent pas à enseigner leur discipline là où il faut, prioritairement, l'enseigner : au lycée (nom philosophique s'il en est, notons-le au passage), et pendant dix-huit années. Au reste on peut penser qu'il entre quelque chose de pédagogique dans la conviction qui conduira notre consœur à œuvrer – pour ne pas dire : à militer – au sein d'institutions dénommées respectivement Groupe de recherches sur l'enseignement philosophique puis Collège international de philosophie.

Avec ledit Collège comme avec l'École des hautes études en sciences sociales, Sylviane Agacinski va, c'est vrai – et c'est pour cela qu'elle a été élue en notre académie –, écrire des livres, argumenter, discuter et, comme on disait au Moyen Âge, disputer. Sa connaissance, sans cesse perfectionnée, de l'histoire de la philosophie – mais aussi, notons-le, de l'histoire de la théologie, ce qui n'est pas donné à tous les professionnels de la profession philosophique – va la conduire à interroger les sources culturelles des représentations du monde occidental en des matières qui, notre époque le sait bien, mobilisent aujourd'hui les passions, sans qu'il soit nécessaire de solliciter pour l'occasion l'assez vilain mot de « sociétal ».

Les textes de notre consœur font acte et, pour quelques-uns, font date, dès lors qu'ils interrogent des figures désormais capitales, alors qu'elles furent loin d'accaparer l'attention des philosophes des générations passées – tous des hommes, comme par hasard, au moins depuis Hypatie d'Alexandrie, que l'Égypte du XXIe siècle n'est certainement pas près de panthéoniser. Citons quelques-unes de ces figures : l'identité féminine, l'identité masculine, la maternité, la paternité.

C'est à ce stade qu'il faut prononcer un mot important, en philosophie générale en général et en philosophie morale en particulier : le mot de « courage ». Dans *Femmes entre sexe et genre*, paru il y a une douzaine d'années, Sylviane Agacinski s'engage déjà contre ce qu'elle juge être la confusion entre le sexe et le genre. Pour un assez large public elle est la philosophe qui s'est illustrée concrètement, et à plusieurs reprises, au travers de titres comme *Corps en miettes*, *Le Tiers-Corps*, *L'Homme désincarné*, dans une critique de la marchandisation de la maternité, entre dons d'organe et gestation pour autrui.

Son dernier livre publié, *Face à une guerre sainte*, est, dans cette logique, une « déconstruction » (notre consœur est bien placée pour connaître le sens de ce mot) de la notion d'« islamophobie » et une critique, entre autres, des thèses de Jürgen Habermas, dans lesquelles elle voit une « double dissolution théorique de l'État-nation » (la dissolution externe dans le cosmopolitisme, la dissolution interne dans le multiculturalisme). La partie centrale de son argumentation porte ici sur la question du voile islamique, qu'elle rattache à ce qu'elle appelle le paradoxe de Martine, du nom de ce personnage de Molière, dans *Le Médecin malgré lui*, qui s'exclame : « Et s'il me plaît d'être battue ? » À ce qu'il paraît, Sylviane Agacinski n'est pas disposée à être battue. Qu'on permette ici à un mâle blanc de l'en féliciter.

Chère Sylviane, chère Mona,

Chers confrères, chères consœurs,

Mesdames, messieurs,

Vous l'aurez compris : le rite qui se déroule en ce moment se résume en trois prises de parole et une prise d'épée. Une historienne et un historien célèbrent une philosophe, et l'historien va remettre à la philosophe l'épée qu'elle a choisie, après quoi la philosophe aura le dernier mot. Même sans gloser sur le nom et le programme d'une « Académie française », en un lieu central dénommé « Lutetia », vous avez aussi compris qu'il est question ici, d'un bout à l'autre de cette cérémonie, d'un certain pays qui s'appelle la France, et, au travers des biographies comme des œuvres de l'historienne, de l'historien et de la philosophe, d'une certaine « composition française », pour reprendre le beau titre du livre autobiographique de Mona Ozouf.

Ainsi se trouve-t-il que nous avons, Mona et moi, fréquenté en Bretagne le même lycée – le lycée du Père Ubu et du procès Dreyfus, deux images vives du génie et du drame français. Nous sommes l'un et l'autre nés bretons mais – car il y a un mais – Mona, née en basse Bretagne (*Breizh Izel*), fut une excellente bretonnante et je ne suis né, pauvre de moi, qu'en haute Bretagne (*Haôte Bertayne*) et je reste un médiocre gallésant – même si présentement j'essaie de me rattraper en œuvrant à une encyclopédie de cette autre Bretagne-là, dont, après tout, était quand même originaire le père de Mona.

Quant à vous, Sylviane, vous êtes un exemple achevé de l'intégration à la française, au travers de votre famille paternelle, originaire, elle, de ce pays dont un élève de notre lycée, à Mona et à moi, a dit un jour, on le sait : « La scène se passe en Pologne, c'est-à-dire nulle part. » Sylviane, vous ne venez pas de nulle part ; comme votre père, vous avez grandi quelque part.

L'épée que je vais vous remettre dans un instant a une histoire, qui est celle de ce pays, une histoire que vous allez nous raconter. Une épée de discrétion et de modestie, à votre image. C'est sans doute là le secret de votre symbole.

Mais ce qui n'est pas secret, ce qui est proclamé urbi et orbi par ce rituel, c'est la sympathie que Mona et moi nous vous portons, Sylviane, c'est la sympathie que, depuis votre installation il y a sept jours, vos confrères et vos consœurs vous portent, visiblement. C'est la sympathie que vous portent toutes celles et tous ceux qui sont ici rassemblés autour de vous. Au nom de vos collègues, de vos amis, de votre famille, de vos confrères et de vos consœurs de l'Académie, chère Sylviane, je vous remets cette épée.

Remerciements

par Sylviane Agacinski

Chère Mona,
Cher Pascal,
Chers confrères et consœurs de l'Académie française,

Chers amis du comité d'honneur et du comité de l'épée,
Chers souscripteurs,

Grâce à vous, nous sommes réunis aujourd'hui pour fêter la remise de mon épée d'académicienne par Pascal Ory, sous le regard bienveillant de votre présidente, Mona Ozouf.

Je vous remercie très chaleureusement pour votre présence, votre amitié et votre soutien dans ce qui n'est certes pas une épreuve, mais qui fut en tout cas une extraordinaire aventure.

Une des définitions de ce mot convient parfaitement à l'expérience d'une candidature à l'Académie : « Aventure : entreprise remarquable par le grand nombre de ses difficultés et l'incertitude de son aboutissement. » Comment mieux dire ?

Cette aventure heureuse, je ne l'avais pas espérée ni prévue, et je m'en étonne encore.

Mais nous tenons ici, en votre personne, cher Pascal, celui qui a joué le rôle principal dans cette aventure. En effet, vous vous êtes fait le complice de votre secrétaire perpétuelle, Mme Hélène Carrère d'Encausse. Notre chère Hélène avait cette idée en tête depuis quelque temps déjà, mais c'est vous qui l'avez réalisée en présentant ma candidature à vos confrères et consœurs. Vous l'avez fait d'une façon sans doute très avantageuse puisque votre entreprise a été couronnée de succès – comme tout ce que vous entreprenez.

C'est donc bien à vous que je dois cette épée symbolique et il vous revenait naturellement de me la remettre aujourd'hui.

Ce rituel académique ressemble à beaucoup d'égards à la cérémonie médiévale au cours de laquelle un jeune noble était fait chevalier et recevait son arme du seigneur qui l'adoubait.

Fort heureusement, il y a toutefois quelques différences importantes entre cet ancien rituel et le nôtre, puisque, selon Jacques Le Goff, l'adoubement d'un chevalier s'achevait ainsi : « L'adoubeur donnait à l'adoubé une grande gifle ou un coup violent sur l'épaule » !

Cher Pascal, vous avez procédé d'une façon beaucoup plus douce. Permettez-moi, plus sérieusement, de vous exprimer ici ma reconnaissance et mon amitié.

Chères consœurs et chers confrères, votre présence à cette cérémonie privée me touche infiniment. Je découvre chaque jour combien Hélène avait raison d'insister, dans nos conversations, sur la place que tenait l'amitié dans la vie académique, et c'est avec bonheur que je vous rejoindrai demain pour ma réception officielle sous la Coupole.

Chers amis,

Quelle est la première question que l'on pose à une femme si, d'aventure, elle est élue à l'Académie française ?

L'interroge-t-on sur cette vénérable institution ? Veut-on savoir à qui elle succède ? Si elle a rendu visite à des académiciens, et lesquels ? Comment ça s'est passé ?

Pas du tout ! La question pressante que posent les amis, avant toute autre considération, c'est toujours : « Alors, est-ce que tu porteras l'épée ? »

Cette question cruciale m'a été adressée également, et très vite, par mes tout premiers amis académiciens, comme vous, cher Pascal. J'ai même cru percevoir chez certains une vague inquiétude à l'idée que je pourrais me contenter de recevoir quelque objet symbolique, ou pire, un sac à main… Le sujet était grave.

Il est vrai que la chose ne va pas de soi, puisque les ecclésiastiques et les femmes ne sont pas tenus de porter l'épée, à la différence des autres membres de l'Institut.

Marguerite Yourcenar, première femme écrivain reçue à l'Académie française en 1980, ne souhaitait ni habit ni épée : elle reçut une monnaie romaine à l'effigie de l'empereur Hadrien. La grande Jacqueline de Romilly, élue d'abord à l'Académie des inscriptions et Belles-Lettres, décida de remplacer l'épée par un précieux petit sac brodé, assorti d'une broche en forme de chouette, symbole des études grecques.

On a prétendu que Mme de Romilly n'aurait pas osé porter l'épée, hypothèse qui me semble peu crédible. Aura-t-elle voulu signifier qu'elle entrait en tant que femme dans une tribu, comme disait Lévi-Strauss, jusqu'ici exclusivement masculine ? Peut-être.

Quoi qu'il en soit, à l'Académie française, Hélène Carrère d'Encausse fut la première élue à oser porter une magnifique épée qu'elle appela Joyeuse, en toute simplicité, comme celle de Charlemagne. Plus tard, Mmes Florence Delay, Assia Djebar, Simone Veil, Danièle Sallenave et Dominique Bona firent de même. Elles m'ont ainsi ouvert la voie et j'ai suivi leur exemple.

On se souvient que le port d'un costume de cérémonie a été décidé en 1801 par Bonaparte, à la demande des membres de l'Institut, un peu avant d'ajouter à cet habit une épée spécifique. Loin d'être belliqueuse, cette arme d'apparat semble comparable aux épées civiles des consuls ou des préfets. Elle symbolise avant tout l'appartenance à l'institution et l'égalité entre tous ses membres. C'est pourquoi elle peut être portée par une femme sans changer de signification.

On peut au reste attribuer à cette épée d'autres valeurs

symboliques. Tantôt comparée à la plume, elle apparaît comme sa rivale, selon la formule célèbre « La plume est plus puissante que l'épée », tantôt elle symbolise le pouvoir de la plume, et donc de l'écriture, l'une et l'autre exigeant d'être maniées avec une certaine bravoure.

Henri Troyat dit ainsi à Hélène Carrère d'Encausse : « Vos arguments ont le tranchant de l'acier » et « Vous n'avez nul besoin d'une lame pour nous pourfendre ».

Une fois la tradition adoptée, il reste à s'armer de sa propre épée.

Pour ma part, je rêvais d'une épée ancienne, car l'Académie me faisait plonger dans son histoire et me tourner vers ses commencements. Grâce à Mme Coline Coridon, antiquaire et spécialiste d'armes anciennes, qui est présente parmi nous, je suis tombée sous le charme d'une épée de cour. Elle était conçue pour l'estoc, au XVIIe siècle, mais la mienne est du XVIIIe.

L'armement, à cette époque, était indissociable de l'ornement, et l'épée de cour était une arme d'apparat, pour ne pas dire un objet de mode !

Celle-ci m'a séduite par sa finesse, son élégance, sa poignée en argent (le pommeau, la fusée, la garde, la chappe et la branche), sa lame en triangle, ornée de motifs bleus et dorés. Selon Homère, l'or évoque le soleil et la virilité, l'argent la blancheur lunaire et la féminité.

J'ai pensé que cette épée était faite pour moi : le seul problème était qu'on n'y pouvait presque rien ajouter pour la personnaliser… Mais j'ai pu y faire graver quelques mots.

Vous pourrez lire mon prénom et mon nom, de chaque côté de la branche : Sylviane, parce que je suis née dans une maison au milieu d'une grande forêt, et Agacinski, le nom de mon père. Il était amoureux de la langue française et sa première vocation fut de devenir instituteur. Mais ses professeurs ont orienté ce fils d'une famille de mineurs vers l'École des mines de Douai. Il aurait été fier, je crois, de me voir entrer à l'Académie.

Sur une plaque d'argent, j'ai fait graver, non pas une devise mais une courte phrase tirée des paroles du Coryphée à la fin de plusieurs des tragédies d'Euripide (notamment *Les Bacchantes*, dans la belle traduction de Marie Delcourt-Curvers) :

> Souvent les dieux accomplissent ce qu'on n'attendait pas
> Ce qu'on attendait demeure inachevé
> À l'inattendu les dieux livrent passage
> Ainsi se clôt cette aventure.

J'ai gardé seulement : « À l'inattendu les dieux livrent passage. »

Ces dieux grecs, présents partout, dans les cités, parmi les hommes comme dans les merveilles de la nature, les bois, les bêtes, les rochers, la mer, nous donnent ici une leçon de philosophie : ils rappellent aux mortels que nous sommes les limites de leur puissance et de leurs calculs.

Dans la vie, il me semble parfois que des divinités, quels que soient leurs noms, me mettent des bâtons dans les roues, ou bien, au contraire, qu'elles font souffler des vents favorables à ma petite embarcation. Aujourd'hui, elles ont livré passage à un bonheur inattendu.

Chère Mona, vous m'avez fait un grand honneur en acceptant de présider le cœur du comité de l'épée.

Vous êtes à mes yeux un modèle merveilleux, car on trouve dans vos écrits la rigueur d'une historienne, la pensée d'une philosophe et la langue d'un « grand écrivain ».

Je sais que l'Académie souhaitait depuis longtemps vous voir la rejoindre, mais vous avez résisté à la tentation, alors que, pour ma part, comme Oscar Wilde, je résiste à tout, sauf à la tentation.

Avec Marie-Anne Bernard et Sylvie Pierre-Brossolette, vous avez formé un trio dont l'amitié m'a soutenue dès les prémices de mon aventure académique.

Chère Marie-Anne, nous étions loin d'imaginer nos itinéraires futurs lorsque tu m'offris l'hospitalité, en 1981, à Copenhague, où je prétendais expliquer Kierkegaard aux Danois. De cette époque date aussi la naissance d'une longue amitié avec Marcel Hénaff dont le souvenir ne me quitte pas. Au sein du Haut Conseil à l'Égalité entre les femmes et les hommes, avec Sylvie Pierre-Brossolette, vous luttez contre toutes les formes de sexisme, à l'heure où la distinction universelle entre homme et femme est soumise à une contestation absurde.

La composition du cœur de ce comité de l'épée est injustement restreinte. Elle repose avant tout sur l'amitié et la proximité intellectuelle.

J'ai le bonheur d'être entourée ici d'amitiés anciennes : Anne Goscinny, dont j'admire l'œuvre littéraire, et que j'ai connue quand elle était petite fille. Gilberte Goscinny, amie intime de ma sœur Sophie, était aussi devenue la mienne ; Catherine Millot, amie de cœur et d'esprit depuis toujours, ou presque ; Denis Kambouchner, près de qui j'ai vécu ma jeunesse étudiante et appris à questionner la textualité philosophique et la déconstruction de la métaphysique, dont peu comprennent le sens aujourd'hui ; Isabelle Alfandary, qui incarne à la fois la Sorbonne, comme Denis, et le Collège international de philosophie, où j'ai passé six années de recherches ; Monette Vacquin et Jean-Noël Tronc, avec qui j'ai partagé des années de réflexion et d'action autour des limites, justement, à opposer à l'extension aveugle des techniques et du marché ; Bertrand Delanoë, dont l'amitié m'a été précieuse – et le reste – depuis l'époque où, poussée par je ne sais quelles divinités bienveillantes, j'ai rencontré Lionel et accompagné sa vie et son aventure politique. Avec Dominique Schnapper, ma proximité intellectuelle est surtout passée par la lecture de ses livres, guides très sûrs pour penser ensemble l'universalité du genre humain et l'existence historique et singulière des nations.

J'éprouve une gratitude particulière à l'égard des Éditions du Seuil, incarnées ici par son président, Hugues Jallon, par Adrien Bosc, et bien sûr par Lydia Flem, qui a repris le flambeau de « La Librairie du XXIe siècle », aux côtés de la nouvelle directrice de collection, Christine Marcandier.

Chère Lydia, tu es avant tout une amie très chère par ton œuvre et par l'histoire du quatuor amical que nous formions Maurice et toi, Lionel et moi.

Maurice Olender a occupé dans ma vie une place unique depuis les années 1990.

Si j'ai choisi ce lieu pour la cérémonie d'aujourd'hui, c'est que, dans l'ancien bar de cet hôtel marqué par l'histoire, nous avons passé ensemble de longues heures à parler de nos projets et de nos vies. J'arrivais, parfois perplexe sur le progrès d'un texte en cours, et je repartais requinquée par nos échanges, et pleine d'entrain pour me remettre au travail. Beaucoup d'écrivains en témoignent : Maurice avait l'art socratique d'accoucher les auteurs. Son écoute bienveillante et sa lecture vigilante me manquent.

Désormais, le regard de mes amis et de mes proches, et tout particulièrement celui des membres de l'Académie française, m'oblige. Je m'efforcerai de ne pas les décevoir.

La Coupole

Discours de réception de Sylviane Agacinski
à l'Académie française
et
Réponse de Marc Lambron

Discours de réception
de Sylviane Agacinski

Mesdames et messieurs de l'Académie,

Un jour du printemps dernier, Hélène Carrère d'Encausse me dit en guise d'encouragement : « Vous verrez, Sylviane, vous vous ferez des amis à l'Académie. » Dès les premières visites, c'était déjà vrai. Plus tard, me raccompagnant après ce qui deviendrait notre dernier rendez-vous, elle ajouta sans aucun accent pathétique : « Le malheur, voyez-vous, c'est de voir partir ses amis. »

Et puis, c'est elle qui est partie. Son absence jette une ombre sur l'instant solennel où vous me recevez. Vous me permettrez, j'en suis sûre, de dédier à Hélène le bonheur que j'éprouve aujourd'hui à vous rejoindre.

Le jour de sa réception, Voltaire évoquait la « noble origine » de l'Académie française en rappelant qu'elle avait pris naissance « dans le sein de l'amitié ». Sans la volonté du cardinal de Richelieu, le petit cénacle de lettrés qui se retrouvaient discrètement chez Valentin Conrart ne serait pas devenu l'institution prestigieuse qu'elle est restée. Mais l'Académie aurait-elle traversé les siècles et surmonté les secousses de l'histoire si elle n'avait pas su garder vivante cette noble origine ?

Pour l'honneur que vous me faites et au nom de l'amitié qui nous attend, je vous dirai ma gratitude en empruntant les mots de La Fontaine : « C'est le cœur qui vous remercie, et non l'esprit. »

Si la gratitude vient du cœur, la littérature suppose l'esprit, et donc la liberté, illustrée par tant de vos prédécesseurs.

Le lendemain même de mon élection, un inconnu croisé dans la rue me félicita chaudement, en soulignant, avec un peu de lourdeur peut-être, que mon futur fauteuil avait été celui de... Chateaubriand !

Je ne saurai jamais si ce compliment partait d'une bonne intention, mais le fait est que mon bonheur initial s'est transformé dans l'instant en confusion : comment oser partager un fauteuil avec ce géant de la littérature ?

Et comment n'en dire que quelques mots ?

Puisque c'est impossible, je saluerai singulièrement, en lui, cette souveraine liberté qui, après son élection en 1811, lui fit renoncer à sa réception plutôt que d'accepter la censure de son discours par l'Empereur. Chateaubriand rejoindra l'Académie après la Restauration.

Ce modèle est beau, mais il est d'une autre époque. Dans une société comme la nôtre, la liberté n'est pas étouffée par un despote ni par un régime totalitaire. La liberté de penser, d'écrire et de parler peut néanmoins être menacée, par exemple par des petits groupes d'activistes érigés en nouveaux censeurs. Chacun défend sa cause en imposant sa théorie et sa langue : certains mots sont bannis, d'autres sont imposés, et l'autocensure progresse.

D'une tout autre façon, la liberté serait en danger si, par exemple, on déléguait notre faculté de penser et de juger à un programme informatique fondé sur l'intelligence artificielle.

C'est un outil très utile. Il a réponse à tout, et vous pouvez même lui demander d'écrire des livres sur n'importe quel sujet.

Sa limite, c'est qu'il ne gère que des données déjà mises en forme. Et, du seul fait qu'il est désincarné, il est sans relation avec le monde : il n'éprouve rien, ni sentiments ni émotions, ni plaisir ni douleur, ni amour ni haine, ni joie ni chagrin – sans parler de l'humour auquel il est parfaitement imperméable.

Il vous répondra même, si vous lui posez la question : « Je n'ai pas d'âme. Je suis conçu pour répondre aux questions basées sur les informations que j'ai été formé à reconnaître. Je n'ai pas de conscience, de sentiments, ni d'expérience personnelle. » C'est très juste… mais il nous leurre encore en disant « je », puisqu'il est sans conscience. Ainsi, ce système pourrait bien réaliser la complète disparition de l'auteur dont nous débattions jadis.

Revenons à l'Académie, où se sont succédé tant d'auteurs admirables.

L'histoire du fauteuil 19 mériterait d'être revisitée. Élu en 1746, le philologue Charles Pinot Duclos, par exemple, contestait le préjugé, c'est son mot, qui veut que les langues aient un génie particulier : non, nous dit-il, « les langues ont le génie de ceux qui les emploient ». Cette phrase aurait plu à notre cher Alain Decaux, défenseur passionné de la francophonie.

Mais je me permettrai aujourd'hui d'enjamber les siècles pour rejoindre directement le XXe, au moment crucial où, en 1960, l'Académie reçoit, au fauteuil 19, René Clair, l'homme qui incarnait le cinéma français depuis *À nous la liberté* et *La Beauté du diable*.

Moment crucial en effet, parce que l'écriture cinématographique trouvait ici sa place, à côté de la littérature dont souvent elle se nourrit.

Le cinéaste succédait au poète Fernand Gregh, un ami fidèle de Marcel Proust, profondément épris de la nature, de Verlaine et de Giono.

En 1982, le fauteuil 19 revient à Pierre Moinot, romancier remarquable et grand serviteur de l'État. Au côté d'André Malraux, il a su renforcer le système de soutien au cinéma français.

Après René Clair et Pierre Moinot, ce fauteuil semble avoir pris goût au cinéma puisqu'il accueille chaleureusement Jean-Loup Dabadie en 2008. C'est ainsi que j'ai maintenant l'honneur de rendre hommage à un écrivain qui s'est illustré dans cet art et que chacun s'accorde à décrire comme un homme délicieux.

Délicieux, autrement dit : charmant, séduisant – mots qui conviennent exactement à sa grâce naturelle, son humour, sa gentillesse, toujours, et son élégance. Vous l'avez connu mieux que moi, mais j'ai eu quelquefois le plaisir de le rencontrer, notamment dans cette île de Ré qu'il aimait tant.

Il y avait fait bâtir une maison, dessinée entièrement par lui-même, sur un terrain planté de chênes verts et de pins parasols. Enfant, c'est là qu'il grimpait aux arbres.

De cette île, il aimait tout, il connaissait tout : les ciels immenses, les couleurs de l'Océan, les marées, les vents, le suroît et le noroît, les parcs à huîtres, la pêche à pied, les grêles d'oiseaux sur les plages le soir, les arbres « coiffés en coup de vent », et l'art de manœuvrer ce petit voilier qu'on appelle là-bas un Cazavant. Retenez ce nom.

Jean-Loup Dabadie avait la prestance des sportifs de terrain et la partialité des sportifs de gradins.

Je me suis laissé dire qu'il avait trouvé à l'Académie quelques complices « allumés de sport » (c'est son mot) avec lesquels partager sa passion pour le rugby et le football.

Un jour qu'il écrit un scénario pour Yves Robert, il propose au réalisateur de réunir les personnages masculins du film sur un court de tennis. « Quoi de mieux, dira-t-il, que quatre garçons en culottes courtes pour retrouver l'enfance telle qu'on l'aime chez les hommes ? »

Vous le savez, son talent d'imitateur et de conteur de mille anecdotes piquantes donnait beaucoup de charme à sa conversation. Mais il se moquait de lui-même plus que des autres et il a toujours cultivé l'amitié, au point d'en faire, avec l'amour, un des thèmes récurrents de ses écrits.

***

L'œuvre de Dabadie n'est pas tissée d'une seule pièce. Comment embrasser cet ensemble multiforme ?

Il aimait dire : « J'aurais détesté être spécialiste. » On le croit volontiers, car son écriture s'est illustrée dans divers genres littéraires. Il précisait néanmoins que cette écriture relevait d'un seul métier : celui de l'écrivain. Qui dit métier dit travail : notre auteur récusait l'inspiration et ne croyait qu'au travail acharné, isolé dans le silence, « les coudes sur la table ».

L'écrivain se voulait artisan, œuvrant un seul et même matériau, les mots.

Dévoreur de dictionnaires, il aura transité d'un genre littéraire à un autre : tour à tour romancier, journaliste, humoriste, auteur de chansons, dramaturge et adaptateur pour le théâtre, scénariste et dialoguiste pour le cinéma.

Dabadie était pudique et parlait difficilement de lui-même.

Il me faut pourtant évoquer les événements qui ont jalonné sa vie, même si l'on sait qu'ils ne conduisent pas à une œuvre par une sorte de nécessité secrète.

Bergson nous a justement guéris de cette illusion rétrospective qui nous fait regarder l'enfance comme une armoire déjà pleine de possibilités, dont, peu à peu, les portes devraient nécessairement s'ouvrir... À l'inverse, c'est l'œuvre qui donne son sens à une vie créatrice. C'est elle qui nous pousse, a posteriori, à rechercher les hasards biographiques qui lui auront été favorables.

Le premier de ces hasards, c'est la naissance. Jean-Loup

vient au monde en 1938, à Paris, le 27 septembre, trois jours avant les accords de Munich. Ce monde marche vers une nouvelle catastrophe mais, ce jour-là, la vie continue. À la une d'un quotidien : les menaces proférées la veille par « le chancelier Hitler », comme on disait, et une photo de Charles Trenet en train de tourner le film *Je chante*. Trenet n'a pas encore écrit la chanson préférée de Dabadie : « L'âme des poètes ». Survient la déclaration de guerre, le père de Jean-Loup, Marcel, est mobilisé : il part pour une drôle de guerre et une longue captivité.

Son épouse Maddalena, d'origine napolitaine, mais que tout le monde appelle Netty, rejoint, avec son fils, la grande maison de ses beaux-parents, près de Grenoble. Pour elle commence la longue attente du retour de l'homme qu'elle aime.

À quatre ans à peine, Jean-Loup lit couramment. Un jour où sa mère n'a pas reçu la lettre tant attendue de Marcel, l'enfant remarque sa tristesse, et il se fait fort de la consoler : « Ne pleure pas, maman, je vais t'en écrire, moi, des lettres de papa[1] ! »

Simple mot d'enfant dont on sourit ? Ou signe précoce d'une vocation d'écrivain ? Je dirai plutôt : audace merveilleuse d'un enfant prêt à tout pour redonner le sourire à cette maman qu'il aime tant.

À la fin de la guerre, « papa et maman », comme il les appellera toujours, s'installent à Paris et travaillent

1. Voir Véronique Dabadie et Françoise Piazza, *Jean-Loup, tant d'amour* (à paraître).

l'un et l'autre. Marcel Dabadie entame une carrière de parolier qui l'occupe entièrement.

Jean-Loup restera vivre chez ses grands-parents jusqu'à l'âge de douze ans. Cette situation particulière est peut-être une chance, car l'habitude qu'il prend d'envoyer de longues lettres à ses parents lui donne le goût de l'écriture. Mais pour une autre raison aussi.

Enfant précoce, Jean-Loup fait merveille à l'école et apprend le piano. Mais ce n'est pas avec la *Marche turque* qu'il acquiert une connaissance approfondie de la musique, c'est grâce à la voix de son grand-père, Clément.

Dentiste de profession, Clément dirige en effet l'Orphéon de Grenoble et participe aux spectacles en tant que ténor semi-professionnel. Le soir, à la maison, il répète son rôle pour une prochaine représentation de *La Bohème* ou de *Tosca*. Avec l'âge, cet homme talentueux ne perd pas sa voix, mais sa vue baisse, au point qu'il a de plus en plus de mal à lire ses partitions : Jean-Loup se fait alors un plaisir de les déchiffrer pour lui, en vérifiant scrupuleusement que le chanteur ne commet aucune erreur. Grâce à cet exercice délicat, le jeune garçon maîtrise parfaitement le solfège et prend goût à la musique. Enfin, il acquiert une sensibilité extrême au timbre unique de chaque voix, sensibilité qui jouera un rôle déterminant dans sa façon d'écrire.

De retour à Paris, l'adolescent poursuit brillamment ses études au lycée Janson-de-Sailly et, en 1956, nouveau hasard, un ami de ses parents lui suggère de faire un stage comme aide-régisseur au Festival d'Avignon. Il découvre le théâtre dans sa forme la plus novatrice, celle du Théâtre national populaire de Jean Vilar. Cette année-là, Gérard Philipe joue *Le Prince de Hombourg*, de Kleist. C'est un tel éblouissement que, en rentrant, le jeune homme annonce triomphalement : « Papa, maman, c'est le métier que je veux faire ! » À quelle place ? Il n'en sait rien encore.

Il entre à la Sorbonne, après une khâgne au lycée Louis-le-Grand, et s'enthousiasme pour les cours de Jacqueline de Romilly sur Thucydide. Comment imaginer qu'il la rejoindrait un jour sous cette Coupole ?

Mais l'étude de la littérature ne lui suffit pas : comme son ami Philippe Sollers, il rêve de devenir écrivain. Il quitte l'Université pour se consacrer à l'écriture romanesque, fort de la confiance inconditionnelle de sa mère : « J'étais son petit Mozart. Pour elle, je ne pouvais faire que mieux que tous les autres[1]. »

Je croyais connaître un peu les écrits de Jean-Loup Dabadie, mais la lecture de son premier roman, *Les Yeux secs*, écrit à dix-huit ans, m'a laissée interdite. La narratrice, Annette, est une jeune Parisienne aussi délurée que naïve. Elle se jette dans les bras de Guillaume, un beau trentenaire aperçu en galante compagnie à une terrasse de café. Elle raconte : « Je lui plante dans le regard deux prunelles d'un bleu sûr, dont je connais la candeur mensongère. »

Ce tout premier amant la fait « fondre dans le plaisir »,

1. *Le Figaro*, 10 février 2009.

écrit-elle, mais, le lecteur l'avait deviné, Guillaume est un gigolo désargenté, doublé d'un « lâche de grande envergure ». Il la laisse rapidement tomber. L'amoureuse désespérée se réfugie dans l'île de Ré, bien sûr, où elle tente de mourir « par curiosité ». Elle se pend si maladroitement qu'elle se rate, décide de sécher ses larmes, et transforme son humiliation en un désir de vengeance implacable sur les garçons qu'elle croisera sur son chemin. Sa première victime est un jeune paysan stupide qu'elle séduit méthodiquement et conduit à sa perte. Elle assouvira finalement sa vengeance sur Guillaume lui-même, l'objet de son amour déçu.

La scène finale est prodigieuse : Annette manœuvre son Cazavant avec une telle virtuosité que Guillaume bascule dans les vagues et coule à pic. Sa vengeance est consommée. Elle sourit à l'idée que, le lendemain, le journal local parlerait d'un « nouveau drame de la mer ».

Ce roman est un chef-d'œuvre de style et d'humour noir.

Si j'étais éditrice, j'aimerais republier ce texte aujourd'hui introuvable.

Le redoutable personnage d'Annette me fait penser à d'autres héroïnes vengeresses, comme Laura dans le drame de Strindberg, *Père*, qui fait passer pour fou un mari qui abusait de son pouvoir légal. Avec le malheur de ce père anéanti, Strindberg voulait montrer l'autre face du drame conjugal et prendre à contre-pied le féminisme triomphant d'Ibsen dans *Une maison de poupée*.

L'intrigue d'un deuxième roman, *Les Dieux du foyer*,

est plus complexe. Gilles, dix-huit ans, et sa sœur aînée découvrent la liaison de leur père et son désir de quitter sa famille. Gilles se bat d'abord furieusement contre l'effondrement du monde magique de l'enfance, avant d'assumer son inexorable chagrin : « Vous dites, écrit-il, il n'en mourra pas le crétin. Non, j'en vivrai, je vivrai de cette désillusion où se dédit mon adolescence [...]. Quelque chose était poignardé en nous : de loin, cela n'y paraîtra pas. »

Le roman n'est pas autobiographique, mais comment ne pas entendre, dans cette désillusion, un écho du malheur que furent, pour Jean-Loup lui-même, la séparation de ses parents et le départ de son père pour une autre vie ? La dédicace imprimée en tête du livre – « À Marcel D. » – se lit comme un reproche à peine crypté à ce père, déserteur du foyer. Peut-être l'écriture répond-elle au besoin de ne pas laisser paraître nos blessures les plus inguérissables.

Dabadie prendra ses distances avec ses premières œuvres : « Ça n'a pas marché », dira-t-il, « mes romans » ont été publiés « à l'insu du public » et sont restés « à l'abri du succès ». La formule est drôle, mais pas tout à fait juste. Ses livres sont assez bien accueillis par la critique, mais l'auteur ne se satisfait pas d'un succès d'estime et renonce à l'écriture romanesque. Hélas.

C'est alors que Pierre Lazareff, grand patron de presse et grand lecteur, remarque le jeune auteur et l'initie au journalisme. « C'est le seul métier que j'ai appris », dira Dabadie. Il publie notamment dans *Le Nouveau Candide*, *La Parisienne*, *Arts et spectacles* – où il rencontre

Paul Guimard, François Truffaut, Jacques Laurent et Roger Nimier.

Dans ce milieu littéraire, il fait la connaissance d'une romancière talentueuse, Geneviève Dormann, qu'il épouse en 1964. Leur fille s'appellera Clémentine, en souvenir de Clément. Clémentine Dabadie a reçu ici même, l'année dernière, le prix Anna de Noailles pour son roman *Dog*.

Quelques années plus tard, Jean-Loup Dabadie se remarie avec une élégante journaliste, future administratrice de l'académie Goncourt. Ils ont deux garçons, Clément, à nouveau, et Florent.

J'ai connu Marie Dabadie, dont la maison était à trois pas de la nôtre, sur le port d'Ars-en-Ré. Marie s'en est allée au début de cette année. Elle a rejoint Gisèle Casadesus et Philippe Sollers dans le petit cimetière de notre village.

La maison de Jean-Loup se situe dans le village voisin. Il faut dire que, sur cette île, l'esprit de clocher n'a pas disparu, mais on arrive à le surmonter.

C'est là que j'ai eu la chance de rencontrer Véronique Dabadie, épouse de Jean-Loup depuis 1997 : leur harmonie était visible. Véronique m'a aimablement laissée consulter la riche biographie de Jean-Loup qu'elle vient d'écrire avec Françoise Piazza.

***

Mais revenons à ce jeune homme dont le journalisme ne peut satisfaire l'ambition littéraire.

Je ne sais s'il faut s'en étonner, mais sa veine comique s'éveille à l'époque du service militaire.

Un soir à Tarbes, au tout début de son service dans un régiment de parachutistes, Dabadie s'ennuie et regarde la télévision. Hasard favorable s'il en est, il aperçoit Guy Bedos et l'envie lui vient d'écrire des sketches pour lui. Il les envoie au comédien, qui les interprète aussitôt à l'antenne, et le succès est immédiat. Ainsi s'amorce une longue collaboration entre Dabadie, Bedos et Sophie Daumier.

Les comédies en miniature de Dabadie ne sont pas seulement drôles, ce sont aussi des satires plus ou moins acides de la bêtise et des mœurs d'une époque, animées par des personnages-types, comme le boxeur ou le dragueur.

Il est difficile de raconter un sketch, surtout en ce lieu, mais vous vous souvenez peut-être de « La drague » ? Sur le fond sonore d'un slow langoureux, une jeune femme nunuche danse, à contrecœur, avec un macho (les deux mots sont dans le *Dictionnaire de l'Académie*). En voix off, on suit le monologue intérieur de l'un, et de l'autre. Lui (de plus en plus entreprenant) : « Elle en peut plus, j'la rends dingue, la poulette, vas-y, Jeannot, faut savoir s'imposer. » Elle : « Mais il est malade, ce type ! Quel pot d'colle ! Des excités comme ça, merci bien ! »

Dans « Bonne fête, Paulette », le même genre de garçon conclut son monologue par cette fine observation : « Les filles intellectuelles, faut pas croire, c'est la barbe ! Sorties de l'intelligence et de la culture, elles n'ont pas grand-chose dans la tête… »

Toujours au temps de son service militaire, Dabadie exploite sa veine comique de façon nettement moins professionnelle. Après Tarbes, il rejoint Saumur. Nous sommes en 1962, après la fin de la guerre d'Algérie – et je ne voudrais pas vous dissimuler une scène canularesque, révélatrice du mauvais esprit de trois copains officiers de réserve : Josselin de Rohan, Jean-Loup Dabadie et Lionel Jospin. Selon des informations de première main, le trio avait achevé consciencieusement sa formation lorsque, avant son départ, il est autorisé à bizuter la nouvelle promotion. Ce n'était pas prudent : Rohan-Chabot, excellent cavalier, fait monter à cheval des jeunes gens inexpérimentés, tout en leur lançant des grossièretés que je qualifierai de viriles ; Jospin joue un capitaine implacable, jugulaire-jugulaire ; et Dabadie, le plus extravagant des trois, incarne un lieutenant spécialiste en explosifs : muni d'une petite fiole de nitroglycérine, il en projette des gouttelettes qui explosent aux pieds des nouvelles recrues sidérées.

L'humoriste avouera plus tard : « Il n'y a pas de rire sans une certaine cruauté[1]. »

***

Grâce au succès de ses premiers sketches, l'écrivain s'oriente vers un nouveau public : il n'écrira plus pour être lu, mais pour être entendu, joué ou chanté par la voix de ses interprètes. Il dira souvent : « Je n'écrirais pas sans eux. »

1. Entretien avec Philippe Bilger.

C'est ainsi qu'il devient « écrivain de spectacle », selon l'excellente formule de François Truffaut.

Cette orientation le conduit au théâtre et, en 1967, il écrit *La Famille écarlate*, une comédie grinçante, aussitôt montée au Théâtre de Paris grâce à Pierre Brasseur. Le célèbre comédien joue un père mutique et mystérieux, face à une famille aux rancœurs accumulées : épouse, fils et belles-filles, tous cherchent le meilleur moyen de le supprimer. Le comique sarcastique de cette pièce résulte en particulier du contraste extrême entre les conciliabules assassins auxquels nous assistons et le ton familier, banal, presque badin, sur lequel ils sont tenus.

Déconcerté, Bertrand Poirot-Delpech se demande dans *Le Monde*[1] si l'auteur « ne cherche pas à battre les records anglo-saxons d'humour macabre ». Il n'en conclut pas moins son article en écrivant : « Un dramaturge est né. »

Il a raison. Dabadie aime le théâtre et le théâtre l'aime. Son talent dramatique ne perd rien de sa verve mais il s'adoucit pour se déployer dans l'art d'adapter très librement des comédies étrangères, comme *Le Vison voyageur* ou *Double Mixte*. Non seulement il exploite toutes les ressources de notre langue pour restituer l'humour britannique de Ray Cooney et John Chapman, mais c'est un virtuose du dialogue : il maîtrise parfaitement cette logique d'engrenage qui, d'une réplique à l'autre, entraîne les personnages et les pousse à révéler leurs secrets.

Je pense notamment à *Quelque part dans cette vie*,

1. *Le Monde*, mars 1967.

d'après Israel Horovitz, et plus encore à *Deux sur la balançoire*, d'après William Gibson, pièce créée d'abord à Paris par Luchino Visconti. Elle est jouée par Nicole Garcia et Jacques Weber, dans l'adaptation originale de Dabadie, qui reçoit à cette occasion le Molière du meilleur adaptateur d'une pièce étrangère.

***

Parallèlement, l'écrivain conquiert un nouveau public en explorant un autre genre littéraire : la chanson.

En 1886, le jour de sa réception à l'Académie française, le journaliste Édouard Hervé annonçait à ses confrères : « Aujourd'hui vous faites entrer ici le journal populaire. »

Avec René Clair, on a dit que le cinéma entrait à l'Académie.

Et lorsque Jean-Loup Dabadie y fut reçu à son tour, le compositeur et chanteur Julien Clerc déclara : « Avec lui, ce qui arrive sous la Coupole, c'est la chanson. »

Ce n'était pas faux, puisque le nouvel élu lui-même attribua malicieusement son élection à l'influence discrète, sur ses futurs confrères, de leur épouse, voire de leurs enfants, admirateurs fervents de ses chansons.

Mieux encore : un jour, dans l'escalier qui descend vers cette salle où nous sommes, Dabadie entendit derrière lui quelqu'un fredonner « On ira tous au paradis » : ce n'était pas la voix de Michel Polnareff, mais celle de monseigneur Dagens, qui faisait résonner, presque sous la Coupole, une des célèbres chansons de Dabadie.

***

L'écrivain n'avait pas décidé de devenir parolier.

Un jour, Serge Reggiani lui demande d'écrire pour lui les paroles d'une chanson. Il s'inspire alors de la voix et du jeu de l'acteur pour écrire « Le petit garçon », paroles consolantes qu'un père adresse un soir à son fils après que sa mère est partie. Mise en musique par Jacques Datin, la chanson est un succès, et beaucoup d'autres vont suivre.

Le matériau de notre parolier n'est pas seulement l'ensemble des mots d'une langue, c'est leur substance sonore, phonique, telle que seule une voix humaine nous la fait entendre. La voix de ses futurs interprètes est, littéralement, l'instrument dont il joue, au point qu'il se compare à un musicien qui intériorise le timbre des instruments pour lesquels il compose, et qui « devient hautbois quand il écrit pour le hautbois ».

Ses instruments à lui s'appellent Régine, Yves Montand, Barbara, Jacques Dutronc ou Michel Sardou…

Dabadie aime surtout les chansons d'amour, mais il écrit, pour la voix de Juliette Gréco, une chanson d'humour. Elle s'appelle « Ta jalousie » et, malheureusement, je ne peux que vous en lire quelques vers :

Les d'où viens-tu ?
Les que fais-tu ?
Les où vas-tu ainsi vêtue ?
Les t'as vu l'heure ?
Les dis-moi tout !

Ces quatre fleurs,
Ell's viennent d'où ?
Baisse un peu ta jalousie,
Elle me fait de l'ombre
Je n'y vois plus dans notre vie
Il fait bien sombre
Que reste-t-il de notre humour ?
Et est-ce ainsi que meurt l'amour ?

J'aime beaucoup cette chanson.

Dabadie est avant tout écrivain, et non pas auteur-compositeur, c'est-à-dire chansonnier, comme on disait au XIXe siècle.

« Le propre du chansonnier, écrit Sainte-Beuve, c'est que la parole chez lui soit à peu près inséparable de l'air. Un poëte lyrique a du nombre, de l'harmonie, de la mélodie ; mais le chant proprement dit, *l'air*, il faut que cela dans la chanson accompagne, inspire, comme d'un seul et même souffle, la parole, et ne fasse qu'un avec elle[1]. »

Alors, comment faire pour que les paroles et l'air ne fassent qu'un, lorsque le parolier et le musicien sont deux ?

En laissant de côté le cas où le chansonnier met de nouvelles paroles sur un air populaire déjà connu de tous, qu'on appelait jadis un timbre, on peut dire que le poème est en général écrit d'abord et que le musicien compose l'air ensuite.

1. Sainte-Beuve, *Portraits contemporains, nouvelle édition revue, corrigée et très augmentée*, Paris, Calmann-Lévy éditeur, t. 5, 1889, p. 63.

Plus rarement, le poète écrit des paroles sur une musique originale déjà composée.

Grâce à sa culture musicale, Jean-Loup Dabadie savait écrire de l'une et l'autre façon.

Pour ceux de ses interprètes qui sont aussi compositeurs, il n'écrit pas les paroles en premier. Michel Polnareff, par exemple, lui envoie sur cassette un air qu'il chante ou fredonne sans mots. Julien Clerc lui joue au piano un air de sa composition et lui en donne l'enregistrement. Le compositeur a confiance en son poète : « Il n'est pas musicien, dit-il, mais il est musical. »

Dabadie écoute la musique en boucle, parfois longuement, attentif à son atmosphère et à son rythme, il compte les syllabes nécessaires, jusqu'à ce qu'il trouve les paroles capables d'épouser si intimement la musique qu'elles sembleront venir d'un seul souffle – comme le voulait Sainte-Beuve.

Le parolier écrit ainsi, en tandem avec ses compositeurs, de magnifiques chansons comme « Lettre à France », « Femmes, je vous aime » et « Ma préférence »…

Le talent singulier de mettre une musique en poème est rare, mais l'histoire de l'art lyrique en offre quelques exemples.

En le recevant à l'Académie, votre confrère Frédéric Vitoux fit un parallèle fort éclairant entre l'œuvre de Jean-Loup Dabadie et celle du dramaturge et librettiste Henri Meilhac, auteur (avec Ludovic Halévy) de plusieurs livrets pour Jacques Offenbach. En effet, Meilhac, lui aussi, suivait de très près la musique et les indications du compositeur.

En remontant plus loin dans le temps, j'ai rencontré Philippe Quinault, grâce, je dois le dire, à l'histoire du fauteuil 29 que nous devons à Amin Maalouf, notre secrétaire perpétuel. Dramaturge, Quinault était aussi le librettiste de Lully, notamment pour ses tragédies en musique. Comme le soulignait Charles Perrault, Quinault avait le talent de mettre des paroles sur les airs de danse de Lully.

Sans entrer dans la querelle des Anciens et des Modernes, rappelons que Racine et Boileau reprochaient à la poésie du « tendre Quinault » de chanter avant tout l'amour et ses plaisirs, ce qui ne déplaisait pas à Louis XIV, mais trahissait le genre grave et noble du poème tragique. Le cœur n'était plus le courage, comme chez Corneille – « Rodrigue, as-tu du cœur ? » –, mais le sentiment amoureux placé au-dessus de tout, et les œuvres de Quinault et Lully semblaient aussi pernicieuses que l'opéra italien, coupable de compromettre l'innocence des femmes.

Dans la satire X sur les femmes, Boileau se moque ainsi des maris imprudents qui conduisent leur chaste épouse à l'Opéra. Elles y apprennent en effet :

Qu'on n'a reçu du ciel un cœur que pour aimer
Et tous ces lieux communs de morale lubrique
Que Lulli réchauffa des sons de sa musique...

Ses compositeurs laissaient à notre parolier plus de liberté que Lully et Offenbach n'en accordaient à leurs librettistes. Mais, à l'Académie, Dabadie aura pris place dans la lignée de Philippe Quinault, Antoine Houdar de La Motte, Alexandre Duval, Henri Meilhac, Ludovic Halévy, Robert de Flers et Gaston de Caillavet – et bien sûr Eugène Scribe.

Scribe, justement, fit ici même un bel éloge de la chanson, expression libre du peuple, bien avant la liberté de la presse.

Votre Compagnie s'est intéressée à la chanson, en tant que forme brève de poésie. Elle aurait volontiers accueilli le chansonnier Pierre-Jean de Béranger, et plus tard Georges Brassens, excellent poète et musicien. Il se déroba à cet honneur, mais Brassens avait à l'Académie des admirateurs fervents, comme Marcel Pagnol, Joseph Kessel, Marcel Achard et René Clair, et le petit joueur de flûteau accepta de bon cœur, tout en restant chez lui, le Grand Prix de poésie qui lui fut attribué en 1967.

L'un des bonheurs de Jean-Loup Dabadie, vous le savez, fut de se consacrer sans compter à la Commission des prix de théâtre, de cinéma et de chanson, décernés sous cette Coupole. Il avait à cœur d'encourager en particulier les nouveaux talents grâce au Prix du jeune théâtre. Depuis 1988, la Grande Médaille de la chanson a été remise ici, chaque année, à des auteurs-compositeurs, parmi lesquels figurent Barbara, Jean-Jacques Goldman, Pierre Perret, Alain Souchon et Anne Sylvestre...

D'autre part, notre parolier reçut quant à lui le Prix Vincent-Scotto en 1972, le Grand Prix de la Sacem en 1984 et le Grand Prix de la chanson française en 2000.

***

Les écrits pour le cinéma, comme scénariste et dialoguiste, forment un autre et imposant versant de l'œuvre de notre auteur.

Là encore, il écrit « à l'oreille ». Dès qu'il connaît la distribution des rôles d'un film, il cherche à accorder ses phrases à la voix de ses interprètes. « Lorsque les acteurs s'emparent de mes mots, explique-t-il, je les ai déjà entendus. »

L'écrivain va jusqu'à théoriser sa méthode en récusant l'idée que l'acteur vient toujours après l'auteur. Pour lui, « les acteurs sont les souffleurs des auteurs ».

En dépit de ce paradoxe, l'auteur est loin de renoncer à son autorité, car, si l'on en croit ses interprètes, une fois son texte écrit, il le défend âprement, au point qu'il est difficile de lui faire changer une phrase, ou même un mot !

Scénariste, il emprunte ses sujets aux romanciers qu'il admire, comme Paul Guimard et Claude Néron. Il travaille en équipe pendant de longs mois avec chaque réalisateur, notamment Jacques Poitrenaud, depuis les années 1960, Yves Robert, Jean Delannoy, Philippe de Broca, Claude Pinoteau, Claude Sautet de 1970 à 1983, et Jean Becker après 2010.

« Faire rire est un art difficile et noble », disait Dabadie.

Un soir de vague à l'âme, je n'hésiterais pas à revoir la comédie policière parfaitement farfelue, *La Tête du client*, réalisée en 1965 par Jacques Poitrenaud, et dont

Dabadie écrit les dialogues. Il donnera libre cours à sa veine comique, en particulier avec Yves Robert. Interprété par Jean Rochefort, le film *Courage, fuyons* s'ouvre sur une citation de Jules Renard qui résume à la fois l'intrigue et la philosophie du personnage : « N'écoutant que son courage, qui ne lui disait rien, il se garda d'intervenir. » Si je m'autorisais une confidence, je pourrais quant à moi me reconnaître dans cette autre phrase de Jules Renard : « Une fois que ma décision est prise, j'hésite longuement. »

Dabadie cultivait, avec autant de succès, l'union du léger et du grave, du comique et du mélancolique – si bien que Michel Piccoli, un de ses grands interprètes, le qualifia d'auteur mélancomique.

Ce mot convient bien, par exemple, aux dialogues de *Salut l'artiste*, qui jouent savamment des différences de ton et de style entre les scènes les plus burlesques et celles où se révèle le désenchantement des personnages. Tournée par Yves Robert, l'histoire est celle de deux acteurs joyeux et insouciants qui vivotent grâce à la figuration et la postsynchronisation. Mais, progressivement, leurs déboires, hautement comiques, contrastent de façon saisissante avec la solitude pathétique de l'un (Marcello Mastroianni), séducteur partagé entre deux femmes qui le quittent l'une et l'autre, et la désillusion professionnelle de son ami (Jean Rochefort) reconverti dans la publicité.

Le cinéma de Claude Sautet, c'est le spectacle éclatant d'une France d'après 1968, auquel les acteurs, la musique de Philippe Sarde et les dialogues de Dabadie donnent un charme puissant.

Max et les ferrailleurs, *César et Rosalie*, *Garçon !* comme *Vincent, François, Paul… et les autres* ou *Une histoire simple* sont autant de films mélancomiques, en effet, dans lesquels l'humour se glisse sans cesse au milieu du drame. Comme dans la vie.

Dabadie traite subtilement les relations entre hommes et femmes. Même si la complicité entre hommes, au sein d'une bande de copains, structure ses scénarios plus que les relations entre femmes, les textes sont dépourvus de tout dualisme simplificateur et témoignent d'une même empathie de l'auteur pour ses personnages masculins ou féminins. Chacun d'eux nous touche par sa part de fragilité, comme Max (Piccoli), l'inspecteur manipulateur pris à son propre piège. L'écrivain n'en souligne pas moins l'asymétrie des points de vue : les hommes quittent rarement le masque d'une virilité assumée, soucieuse de ne pas perdre la face. Mais face à un échec professionnel ou sentimental, ils sont désarçonnés et le masque se fissure. Les femmes se laissent attendrir par ceux qu'elles aiment ou qui les aiment. Souvent moqueuses, elles se sentent libres avant tout, et quand un couple commence à se défaire, ce sont elles qui partent.

Comme dans ses chansons, Dabadie sait dire avec pudeur l'absence et l'abandon.

Dans *Une histoire simple*, Marie (Romy Schneider) retrouve dans un restaurant son amant Serge (Claude Brasseur). Elle était enceinte de lui mais elle ne l'aime plus. Il ne veut pas comprendre : a-t-il été trop absent ? La réponse tombe, très dabadienne : « C'est quand tu es présent que tu me manques le plus. » D'une voix tranquille, elle annonce à Serge qu'elle le quitte et qu'elle a déjà renoncé à l'enfant. Elle lui murmure, au milieu d'un brouhaha : « Je t'attendais, je ne t'attends plus. Je l'attendais, je ne l'attends plus. »

Pour *Les Choses de la vie*, d'après Paul Guimard, Dabadie écrit le scénario et les dialogues. Cette œuvre poignante ne se rattache ni à la comédie de mœurs ni au drame sérieux. Elle appartient entièrement au tragique.

Dans un premier temps, dialogues et images révèlent une relation sensuelle et heureuse entre Pierre et Hélène (Piccoli et Schneider). Mais les mots d'amour de Pierre sont peu à peu démentis par ses longs silences. Au creux de ses dialogues, Dabadie donne au silence tout son poids de non-dit, le poids des choses que l'on cache, à l'autre ou à soi-même, et qui vous trahit.

Hélène, comme le spectateur, n'a pas de mal à percevoir dans les silences de son amant le symptôme d'un blocage qui l'empêche de s'engager réellement avec elle dans une vie nouvelle. Il est paralysé par l'attachement nostalgique à la vie heureuse qui était la sienne avec sa femme et son fils.

Dans un deuxième temps, Pierre part pour un voyage de travail. Il roule à grande vitesse au volant de son Alfa Romeo Giulietta Sprint. En voix off, on suit le monologue intérieur au cours duquel il ne cesse de tergiverser.

Tantôt il se remémore les jours lumineux de son passé, tantôt il rêve d'un bonheur futur avec Hélène… jusqu'au moment subit où surgit devant lui un camion : il a calé sur la route, à droite, tandis qu'une bétaillère arrive à gauche. L'accident est brutal, inévitable, fatal.

Confusément, Pierre se croit sauvé par les ambulanciers. Mais non. Le destin aura mis fin à l'indécision de sa vie.

Je ne voudrais pas quitter notre écrivain sans évoquer un film qui illustre l'alliance intime de l'esprit et de la langue, à savoir *La Tête en friche*, inspiré du roman de Marie-Sabine Roger. Avec Jean Becker, Dabadie collabore au scénario, et il écrit les très beaux dialogues du film, interprété par Gisèle Casadesus et Gérard Depardieu.

Nous assistons à la rencontre improbable, sur le banc d'un parc, de Germain, personnage rustique et illettré, avec Margueritte, une vieille dame subtile qui ne vit que de littérature. Sa nouvelle amie entreprend de lui lire à haute voix, sur ce banc, des pages de Camus, de Gary et de Supervielle. Elle lui offre aussi un dictionnaire « pour voyager d'un mot à l'autre ». Peu à peu, avec les mots, l'esprit de Germain s'ouvre et il s'émerveille de voir le monde autrement.

« Avant elle, dit-il, je vivais dans le brouillard. »

Oui, quelles que soient ses formes, la littérature nous fait sortir de l'opacité du monde.

Mesdames et messieurs de l'Académie,

La vie de Jean-Loup Dabadie fut celle d'un homme amoureux des mots, c'est-à-dire aux prises avec ces mots qui lui échappent et qu'il cherche anxieusement. Il exprimait son idéal modestement : trouver un éclat de bonheur en écrivant, réussir à mettre un mot devant l'autre, pour que la phrase se tienne, retirer quelques mots d'amour à « la pagaille des mots ».

Depuis la naissance du cinéma parlant, les images ont besoin de voix et de paroles. Le cinéma et la littérature devaient s'unir, comme Marcel Carné et Jacques Prévert en leur temps, ou ne faire qu'un, comme Jean Cocteau ou Marcel Pagnol, au début des années 1930.

Dabadie est l'un des remarquables successeurs de ces auteurs pionniers qui avaient l'amour du cinéma, de la littérature et de la langue française.

Le cinéma ne prendra pas la relève de la littérature. Mais avec ses moyens propres, il a offert une nouvelle carrière à cet art d'écrire qui fait l'objet de tous vos soins.

« Ce n'est pas ma personne qui compte, disait Jean-Loup Dabadie, c'est mon travail. »

Oui, mais celui que vous avez connu fut, tout ensemble et d'un seul souffle, l'auteur accompli d'une œuvre multiforme et l'homme de cœur et d'amitié. C'est pourquoi vous l'avez tant aimé.

Réponse de Marc Lambron

Madame,

En vous écoutant évoquer le souvenir de Jean-Loup Dabadie, je le revoyais, arrivant à l'avance chaque jeudi pour se poster dans l'angle de la cour qui offre la meilleure perspective sur cette Coupole. Il la contemplait quelques instants avec une sorte d'incrédulité heureuse, parce que c'était l'Académie, parce que c'était la France, comme un film multiséculaire dont, pour une fois, il n'aurait pas signé le scénario. Après lui, vous rejoignez aujourd'hui notre cohorte de figurants transitoires, accompagnée des vôtres, ceux qui vous regardent et ceux que vous n'oublierez pas.

Votre grand-père paternel était un Polonais de confession catholique arrivé en France dans les années 1920 pour s'employer comme boiseur dans les mines du Nord, expert qu'il était en poteaux de soutènement pour galeries d'extraction. Son fils, né en 1918, suit les cours de l'École des mines de Douai et en sort avec le diplôme d'ingénieur des travaux publics de l'État. En 1940, il rencontre votre mère. Elle procède d'une famille d'ébénistes, de doreurs sur tranche et de serruriers du

11e arrondissement de Paris. Elle est alors décoratrice de vitrines dans un grand magasin.

La fin de la guerre trouvera vos parents dans une exploitation minière de l'Allier où, mobilisé sur place, votre père ne manque pas de saboter les cadences et d'abriter des réfractaires du Service du travail obligatoire. Vous grandirez pourtant comme une enfant de la paix et des voyages, puisque aussi bien votre famille se déplace au gré des affectations de l'ingénieur. Votre prime enfance, vous la vivez ainsi dans un village de Seine-et-Marne, Thomery, avec le charme de son église, de ses cafés, de sa plage fluviale.

Mais c'est à Lyon que l'adolescence vous rejoint, fréquentant le lycée de filles Juliette-Récamier alors récemment inauguré. « Je n'ai jamais été précoce », dites-vous. Vous êtes pourtant une bonne élève, aimant la rédaction et la danse, suivant des cours de piano, vous échappant avec volupté vers le ski l'hiver, et la mer l'été. Mais votre passion principale est le théâtre, que vous pratiquerez dans une troupe d'amateurs, puis au Conservatoire d'art dramatique de Lyon. C'est toutefois votre sœur aînée Sophie qui embrassera la carrière de comédienne. Sur la plupart de vos photos d'enfance, c'est elle qui vous tient la main, et vous dites qu'elle ne l'a jamais lâchée depuis lors.

La classe de terminale vous révèle un autre théâtre, celui de la pensée. Ce sera votre vocation, nourrie par le magistère des professeurs prestigieux qui enseignaient alors à la faculté de Lyon, Gilles Deleuze, Bernard Bourgeois, Pierre Fédida, Geneviève Rodis-Lewis,

Henri Maldiney. Votre enthousiasme philosophique se recommande d'un mystère : « On adorait ne pas comprendre », dites-vous en souriant.

Votre chevalier de ce temps-là se nomme Jean-Noël Vuarnet, romancier précoce, futur exégète de la mystique féminine, avec lequel vous choisissez l'aventure de la capitale. Tandis que vous suivez les cours qui vous conduiront jusqu'à l'agrégation de philosophie, ce cursus étant traversé par les événements de Mai 68, vous soutenez votre vie matérielle comme pigiste à *Paris Match*, où l'on vous envoie interroger Georges Mathieu ou Liza Minnelli, même si vous découvrez que les textes sont systématiquement réécrits avant parution.

Jeune agrégée, enseignante à Soissons puis en classes préparatoires au lycée Carnot, à Paris, vous suivez le *cursus honorum* qui vous vaudra d'obtenir en 1991 un poste à l'EHESS. Le choix de la philosophie prolonge chez vous une jubilation en même temps qu'elle l'explicite. Vous adorez enseigner, parce que enseigner, c'est apprendre de ceux que l'on lit avant de les faire étudier, pour aller vers ce futur que l'on nomme l'écriture.

Comprendre et se faire comprendre, c'est « y voir clair », dites-vous. Votre expérience, votre conviction vécue est que le réel déborde, qu'il est profusion plutôt que système. « C'est dans les mots que nous pensons », a écrit Hegel, et c'est par eux que vous tentez de trouver votre propre parole, qui est aussi une interrogation sur ce que le langage peine à appréhender, le pré-discursif, l'indicible, la réalité du référent. Vos premiers textes témoignent ainsi d'un kaléidoscope d'intérêts, sur l'architecture, l'image photographique, le temps démocratique, la poésie de Baudelaire, le *Tractatus* de Wittgenstein. En cela, vous restez aristotélicienne : le réel est un, mais on ne peut le dire que de plusieurs manières, par multiplication des angles. En écrivant, vous pressentez aussi qu'un corpus philosophique peut constituer une autobiographie indirecte. Vous allez écrire votre histoire.

L'époque est alors aux maîtres-penseurs, Lévi-Strauss, Lacan, Barthes, Althusser. On vous compte parmi les fondateurs du GREPH, le Groupe de recherche sur l'enseignement philosophique, qui se constitue autour de Jacques Derrida. C'est en son séminaire de l'École normale auquel j'assiste en touriste que je vous vois, madame, pour la première fois en 1978, au point d'en restituer le souvenir en 2004 dans l'un de mes romans, *Les Menteurs*, dont par exception je vais citer ici un bref extrait. Voici une version de vous-même telle que je vous voyais à la fin des années 1970 : « Sylviane Agacinski, dont la silhouette me revient, lunettes et cheveux sur les épaules, bottes et longues robes gitanes, assez liane, studieuse, le nez au vent, suivant la cérémonie. Intervenant peu, une forme de dignité sensible. » Vous voyez que mon impression, dès cette époque, n'était pas mauvaise. Qui aurait dit que, quarante-cinq ans plus tard, je serais invité à accompagner votre mutation de la robe gitane à l'habit vert ? Ces années gipsy sont celles de la passion qui vous lie à Jacques Derrida, dont naîtra un fils, Daniel, lequel ne manquera pas à son heure de devenir normalien et agrégé de philosophie.

Mais ce sont celles aussi où une pensée sort de sa chrysalide. Votre sentiment est alors que le primat des jeux textuels et du modèle linguistique tourne au dogme, asphyxiant graduellement ce rapport au vivant qui, comme Aristote et Bergson l'ont marqué, s'impose contre l'impersonnalité des structures. Ne pas être cannibalisée par Derrida ou Deleuze impose de prendre le large. C'est avec le souci d'avancer en première personne, fût-ce en faisant un pas de côté, que deux livres vont signer votre dissidence lettrée.

Le premier, *Aparté*, dont le titre même suggère un esprit d'écart ou d'échappée, est consacré à Kierkegaard. Vous trouvez en lui un penseur de l'existence, rétif à l'esprit de système, un ironiste, un metteur en scène de sa propre étrangeté, un corsaire de la dialectique. À l'époque, il consonne avec une idée de vous-même que l'on devine désinvolte, réfléchie et frondeuse, visant l'essai plutôt que la thèse, préférant les sentiers de futaies aux grands arbres de l'auguste théorie.

Le deuxième livre, paru en 1996, s'intitule *Critique de l'égocentrisme*, avec pour exergue une citation de Paul Valéry, fauteuil 38 : « L'existence des autres est toujours inquiétante pour le splendide égotisme d'un penseur. » Quels sont donc les rapports du sujet de la philosophie ou de la métaphysique avec l'altérité, quand nombre d'augures de la discipline ont postulé l'identité abstraite des consciences ? Faute d'être mis en examen, Kant et Hegel sont convoqués à la barre en tant que témoins assistés.

C'est un livre des aurores où l'on sent que l'altérité,

conjurée ou redoutée par nombre de philosophes, n'est autre que celle de la femme absente, en ce sens que c'est toujours un sujet de sexe masculin qui vaut pour le genre humain dans son ensemble. Le stade suivant de votre travail allait s'en déduire : pourquoi le féminin a-t-il été contenu aux lisières de la grande pensée, et comment pourrait-il légitimement s'y inscrire ?

J'ai dit que ce livre paraît en 1996. À ce moment-là, votre existence avait changé. Nous n'entrerons pas ici dans ce que Landru, qui avait ses raisons, appelait « le domaine inviolable de la vie privée ». Voici seulement ce que vous en dites vous-même : lors d'une rencontre entre des représentants du Collège international de philosophie et le ministre de l'Éducation nationale se cristallise ce que vous nommez « un coup de foudre secret » ressenti quelque temps auparavant au mariage de votre sœur avec le comédien Jean-Marc Thibault. Ce ministre se nomme Lionel Jospin. Vous l'épouserez en 1994, entouré par ses enfants Hugo et Eva. Vous commentez : « J'ai alors découvert l'harmonie et Daniel a trouvé un vrai père. » En la matière, c'est la pudeur que vous embrassez, vous bornant à évoquer le caractère énigmatique de ce que peut être un couple heureux. Je vous cite : « L'essentiel est le mystère, qui reste entier. Relation obscure, nocturne. Le reste est bavardage. »

Pour autant, vous n'aviez pas prévu le miracle chimique qui d'une dissolution vous projetterait vers l'hôtel Matignon. Après la politique du théâtre, le théâtre de la politique. Il vous conduira à connaître deux campagnes présidentielles, en 1995 et 2002, en séjournant dans un hôtel de la rue de Varenne qui, construit sous la Régence, s'est mis à l'heure d'une cohabitation.

Auprès d'un Premier ministre en exercice, vous avez l'occasion de réfléchir sur le rôle que l'on assigne au conjoint d'un élu de premier rang, avec ce qu'il comporte d'astreintes mais aussi de découvertes. C'est Hillary Clinton qui, en séjour à Paris, demande à vous rencontrer pour évoquer le thème de la parité – nous y reviendrons. Vous accueillant à Washington, le couple Clinton vous retiendra par une forme de proximité générationnelle. Au Japon, une impératrice mélancolique, qui écrit des livres pour enfants, renvoie son interprète pour vous confier en anglais ce que sont les servitudes d'une réclusion coutumière. En Chine, où il vous faut insister pour visiter les tombeaux des Ming, vous restez perplexe devant des troupes qui défilent au pas de l'oie. Dans un Berlin de nuit, le chancelier Schröder et son épouse vous font l'honneur de la terrasse de la chancellerie, d'où l'on découvre la forêt de grues d'une cité en réunification. Soudain, vous tournez la tête : une haie de photographes vous mitraille. En politique, les agréments de l'intimité le cèdent souvent à l'inquisition du papier glacé.

Vous en tirez un sentiment d'étrangeté et de dédoublement, tant Mme Lionel Jospin n'a pas renoncé aux travaux de Sylviane Agacinski. Séminaire de l'EHESS, colloques sur l'architecture à Montréal ou Buenos Aires, symposiums sur la parité à San Diego et Stanford, auditions sur la bioéthique devant les deux Assemblées, le

Conseil d'État ou la Commission nationale des droits de l'homme. Ce sont surtout des années où vous fréquentez quotidiennement la Bibliothèque nationale pour préparer un ouvrage sur les Pères de l'Église. Vous habitez une hutte studieuse dans le temps où votre époux cohabite avec un président bastionné. Tandis que le Premier ministre tient la gauche plurielle sous sa houlette, vous concubinez avec saint Augustin.

Mais d'abord la parité. Un événement provoque, le 6 juin 1996, un tournant dans votre réflexion. Il s'agit du « Manifeste des dix », signé par des femmes politiques de droite et de gauche. Ce texte procédait d'un constat : si la Révolution française a posé en valeurs cardinales l'universalisme et le principe d'égalité, les Françaises ont été durablement assignées à un statut de mineures civiques. En effet, la capacité électorale était celle du seul mari entendu comme chef de famille. Tel un steak, le sujet de l'universalisme restait unilatéral. En 1885 encore, la Cour de cassation juge que les lois constitutionnelles n'ont « point étendu à d'autres qu'aux citoyens de sexe masculin le droit d'élire les représentants du pays ».

On sait qu'il fallut attendre 1944 pour que le droit de vote fût enfin reconnu aux femmes. Mais, cinquante ans après, il était patent que dans le monde politique, et aussi bien dans nombre de métiers, la discrimination professionnelle envers la moitié de la nation restait de mise. Une des signataires de ce manifeste, et non la moindre puisqu'il s'agissait de Simone Veil, prit votre attache en sollicitant l'éclairage de vos acquis philosophiques. Vous en gardez le souvenir d'une femme résolue et enjouée, particulièrement ironique à l'encontre de ceux qui entendaient ranger l'esprit de ce manifeste sous la bannière du communautarisme, comme si les femmes avaient relevé d'une sorte de régionalisme enjuponné. À cette époque, seules 5 % à 6 % de femmes siégeaient à l'Assemblée nationale et au Sénat.

De vos réflexions est né en 1998 un essai, *Politique des sexes*, sur lequel vous êtes revenue en 2007 dans un ouvrage-bilan intitulé *Engagements*. La question centrale était : comment aller au-delà de l'égalité juridique abstraite entre les sexes dès lors que l'un est manifestement pénalisé dans la vie concrète ? À l'époque, vous plaidiez pour une féminisation des titres et des fonctions, ce qui vous prédestinait à rejoindre une Compagnie qui, anticipant sans doute votre venue, a récemment validé cette option.

Mais le fond de l'affaire touchait aux mesures volontaristes susceptibles d'assurer une égale représentation des sexes, singulièrement dans les instances de pouvoir. De là vous vint le sentiment, peut-être pour la première fois, que changer le cours des choses n'est pas une chimère, mais un processus en acte qui donne des ailes à la pensée. On sait ce qu'il en est advenu, et les avancées récentes quoique encore imparfaites dans ce domaine.

La notion de parité est toutefois restée sujette à discussion. Elle est contestée en ce qu'elle renverse mais maintient la considération du sexe de la personne pour l'obtention d'une place. Il semble pourtant qu'elle ait eu dès cette époque une valeur moins théorique qu'instrumentale, telle une pince-monseigneur permettant de forcer des coffres. Enfant du mérite, vous êtes devenue là un peu monte-en-l'air. Admettons qu'il faut parfois breveter des outils pour réveiller des butors et pincer des monseigneurs. Si leur muflerie a longtemps été indifférente aux bannières des suffragettes, c'est dans la loi qu'a été inscrite la limitation de leurs prérogatives. On songe à Marie Curie à laquelle on demandait ce que cela faisait d'être le conjoint d'un grand savant. Elle répondit : « Demandez à mon mari. »

Vous n'alliez pas vous en tenir là. À cette époque naît l'ambitieux projet, qui vous requerra pendant plusieurs années, de remonter aux sources les plus anciennes du primat philosophique et théologique du masculin. Vous récusez alors la posture de l'inquisitrice pour endosser l'habit d'une investigatrice, ce qui donnera en 2005 un ouvrage de fond intitulé *Métaphysique des sexes*. Oui, le féminin a été conjuré à proportion de ce qu'il était redouté et diabolisé. Oui, chez Aristote, c'est la semence masculine qui donne forme à l'informe. Oui, Hésiode nous assure que c'est de la boîte de Pandore qu'est sortie « la race maudite des femmes, terrible fléau installé au milieu des hommes mortels ». Le christianisme, en bannissant les folâtreries des déesses et des nymphes peuplant l'Olympe, va traiter les femmes comme les pilastres d'un monothéisme trinitaire.

Dans votre safari théologique, vous débusquez bien des arrogances. Saint Paul fait injonction aux femmes de se taire à l'église. Chez Clément d'Alexandrie, on trouve un éloge de la pilosité comme indice de la supériorité mâle. Tertullien voit la femme comme un être auxiliaire dont le charme naturel ne doit pas s'encombrer des fards et des bijoux qui en feraient une Égyptienne, parangon des artifices trompeurs. Pour Origène, le corps virginal s'apparente au corps primitif d'Adam et Ève avant le péché autant qu'aux corps glorieux de la fin des temps, où il n'y aura en Paradis ni volupté charnelle ni engendrement. Et lorsque saint Augustin fait l'éloge de sa mère Monique, c'est pour écrire : « Il nous semblait voir quelque grand homme siéger parmi nous. » De façon générale, le masculin incarne l'esprit et le féminin symbolise la chair.

Toutefois, le même Augustin blâme le désir masculin en ce qu'il est esclave d'une concupiscence reprochable. Ambroise, évêque de Milan, loue la femme au motif que Dieu a dit : « Il n'est pas bon que l'homme soit seul », et qu'elle symbolise ainsi l'Église unie au Christ. Jean Chrysostome, dans une homélie sur saint Jean, se montre compatissant à l'égard des femmes « clouées à l'intérieur par les soins domestiques », mais selon une sollicitude qui tient pour acquise la distribution des balais.

Si nous récusons ici les voluptés saumâtres de la repentance, vous lire, madame, invite à tout le moins au libre examen. Pour les sujets qui vous préoccupent, il faut avouer que notre Compagnie n'a guère payé d'exemple. Considérons un instant son histoire. Si l'Académie n'a pas élu Molière, elle aurait sans doute partagé la nuance ironique qu'il infuse au premier acte des *Femmes savantes*, lorsque Henriette s'adresse ainsi à Armande : « Habitez, pour l'essor d'un grand et beau génie, les hautes régions de la philosophie. » Dans les éditions de notre dictionnaire datées de 1694, 1718, 1740, 1762, 1798, la femme y est définie comme la « femelle de l'homme ». En 1835, elle devient la « femelle, compagne de l'homme ». Et si l'édition de 1935 consent à évoquer un « être humain de sexe féminin, la compagne de l'homme », cela n'arrange rien. Vous avez toutefois le scrupule de faire remarquer que le mot « femelle » reprend l'expression biblique de la Genèse, « Mâle et femelle Il les créa », ce qui est tout de même reconnaître une altérité sexuelle originaire, voire une égalité, avant que la théologie paulinienne fasse de la femme une créature subordonnée. Gageons que la contrition de l'Académie se manifestera dans la définition qu'elle ne manquera pas d'inscrire dans la dixième édition de son *Dictionnaire*, à laquelle vous allez concourir. J'en propose ici une anticipation : « Femme : être supérieur que l'homme essaie en vain d'égaler. »

On comprend Marguerite Yourcenar qui, le 22 janvier 1981, évoquait ici même « ces usages qui volontiers plaçaient la femme sur un piédestal, mais ne permettaient pas encore de lui avancer officiellement un fauteuil ». Ce à quoi pourrait faire écho Woody Allen : « Au début de mon mariage, j'avais tendance à placer ma femme sous un piédestal. » D'autres institutions auraient pu nous montrer le chemin. La grande Colette, élue le 9 mars 1935 à l'Académie royale de Belgique, le fut aussi en 1945 à l'académie Goncourt, qu'elle présida de 1949 jusqu'à sa mort en 1954. Si elle y trouva un salon et une fourchette, notre Compagnie se rachète en vous offrant aujourd'hui une Coupole et une épée.

Elle vous prodiguera aussi quelques précédents grammaticaux intéressant les choses de l'amour. Lorsque Beauzée, éminent grammairien élu en 1772, trouva son épouse dans les bras d'un jeune homme, ce dernier, effrayé, lâcha à l'adresse de la dame : « Je vous avais bien dit qu'il fallait que je m'en aille. » Et Beauzée de rectifier : « Que je m'en allasse. » À l'inverse, lorsque Mme Émile Littré surprit son époux en train de lutiner la bonne, elle s'exclama, outrée : « Je suis surprise ! » Et lui de corriger : « Non, madame, vous êtes étonnée, c'est moi qui suis surpris. » Au XXe siècle enfin, lorsque Jean Cocteau risqua dans son discours de réception une métaphore féminine en avançant qu'il rejoignait une Compagnie de « quarante sirènes à queue verte », un académicien commenta à voix basse : « Il va être déçu. » Autres temps, même si les jeux de la vieille galanterie nous vaccinent contre les solécismes.

Revenons au présent. Nous allons entrer au cœur de votre pensée, telle qu'elle s'est déployée au fil des années dans des essais comme *Corps en miettes*, *Femmes entre sexe et genre* ou *Le Tiers-Corps*. Vous venez après Simone de Beauvoir ratifier l'idée qu'un deuxième sexe a vécu dans la subordination, certes. Mais, à sa différence, vous ne partagez pas le postulat selon lequel la maternité serait l'une des facettes de l'aliénation des femmes et, pour suivre son expression, un « fardeau de chair ». Au contraire, vous reprenez positivement ce mot en citant

Merleau-Ponty qui pose que « toute pensée de nous connue advient à une chair », ce qui rend possible notre accès au monde et à nous-même.

Aux théoriciens qui récusent l'existence d'un désir féminin d'enfant, vous opposez donc une vitalité qui inclut le psychisme dans une totalité pulsionnelle. C'est la vie charnelle, avec « son pouvoir de sentir, de jouir et de souffrir, d'agir et de pâtir ». En cela, vous affirmez l'expérience corporelle face au sujet abstrait de la philosophie, qui ressemble souvent à un archétype neutre ou à un fruit un peu blet. Cette expérience vous porte à insister sur la différence des sexes, en soulignant toutefois que dissemblance ne veut pas dire inégalité. Après le père Fessard, vous tenez que l'égalité n'a de sens que si on reconnaît les différences, lesquelles procèdent de l'organisation du vivant, et se manifestent dans le fait que la procréation requiert la participation de deux corps non équivalents.

Or, l'époque soulève deux objections majeures à ce mode de pensée. La première, dite théorie du genre, entend faire du sexe une construction culturelle déconnectée de toute donnée naturelle. Elle postule avec Judith Butler comme porte-enseigne que la différence sexuelle ne serait pas un fait, mais une norme sociale imposée par ce qu'elle nomme la « domination hétérosexuelle ». En lectrice d'Oscar Wilde et contemporaine de David Bowie, vous ne niez pas qu'il soit loisible à chacun de se projeter dans une pluralité de désirs et d'avatars, tant il est vrai, ainsi qu'aimait à le dire Philippe Sollers, qu'il existe autant de sexualités que d'empreintes digitales. À vos yeux, cela n'élude pas le jeu du même et de l'autre.

Car si des transidentités impliquent parfois la modification du corps, c'est précisément parce que la sexuation du vivant procède de marqueurs différentiels. On part d'une base pour la faire muter. Cela n'est pas plus récusable que notre destin organique final, qui est la mort. Tout cela pourrait relever de l'évidence, mais il existe aujourd'hui un parti des négationnistes de la dualité sexuée qui prospère sur une culture du déni. Vous procédez d'un féminisme de la différence corporelle quand l'époque veut la flouter.

Cette fluidité revendiquée du genre s'accompagne d'une autre fluidité, celle qui ferait du corps féminin un incubateur susceptible d'allocation à un tiers. Autrement dit, la marchandisation de la vie d'autrui à des fins procréatives. Qu'est-ce qu'un corps, et qu'en faisons-nous ? Si personne ne peut dormir ou mourir à notre place, quelqu'un pourrait-il concevoir à notre place ? Nous y sommes. Ce qui revient selon vous à faire d'un ventre loué un entrepôt de stockage temporaire sur le mode d'un chèque emploi-service. Et de citer selon votre expression la « propagande sentimentale » qui fleurit autour de la gestation pour autrui (GPA), avec pour exemple le forfait que propose la société Deluxe Delivery USA : tentatives illimitées de fécondation in vitro (FIV), choix du sexe de l'enfant garanti en bonne santé avec élimination des maladies héréditaires grâce au diagnostic préimplantatoire, le tout pour 125 000 euros, dont la mère porteuse ne recevra qu'une portion congrue. Cet eugénisme platiné marque à vos yeux une extension du domaine du marché, obéissant selon l'expression du professeur René Frydman à une tyrannie de la reproduction, ce dernier tenant la GPA pour « un abandon organisé, programmé, monnayé ». Et vous soulignez dans *Le Tiers-Corps* que ce principe contamine le prélèvement d'organes, donnant lieu désormais à l'exploitation tarifée de vastes populations déshéritées.

Ce n'est pas seulement la vénalité de cette suppléance que vous réprouvez, mais l'optique selon laquelle une personne pourrait être objectivée, rejoignant en cela, ainsi que le pointe notre confrère Jean-Luc Marion, les éthiques chrétiennes tournées contre la réification de l'être humain. Sur quel principe fonder ce blâme ? Vous ravivez la différence établie par Kant entre ce qui a un prix et ce qui a une dignité. Chez ce maître philosophe, la loi morale porte à agir en dépit de nos inclinations, ce qui induit le respect de l'individu tout entier et fonde la proscription du viol. La sauvegarde de la dignité de la personne humaine est d'ailleurs devenue en 1994 un principe de valeur constitutionnelle. Morale provisoire peut-être, mais combat de l'esprit contre les soldes du vivant. En cela, vous tangentez certains écologistes qui, pour leur part, fondent leur réticence sur le respect de la nature.

Mais voici que le siècle a résonné d'une autre alarme, le retour d'un asservissement des femmes sous l'égide d'une religion radicalisée, donnant lieu en 2022 à votre essai intitulé *Face à une guerre sainte*. Le voile islamique, puisque c'est de lui qu'il s'agit, signe à vos yeux un prosélytisme dont le paradoxe est qu'il s'expose en masquant, non sans signifier aux femmes l'arborant qu'elles sont réservées aux hommes de leur propre communauté. Votre conviction est qu'aucune doctrine religieuse ne justifie une discrimination sexiste. On ne saurait, dites-vous, admettre le retour d'un droit cultuel inégalitaire dans une société émancipée du cléricalisme. Ce réflexe voltairien vous porte à rappeler qu'il a autrefois existé dans le monde musulman des autocrates qui œuvraient pourtant à libérer leurs concitoyennes de ce joug de coton, qu'ils se nomment Atatürk, Bourguiba ou Nasser. Certaines néoféministes de notre temps semblent moins empressées à tourner leur regard vers l'Iran ou l'Afghanistan.

Vous pointez, là aussi, l'usage pervers qui est fait de la notion de liberté, invoquée par certains pour légitimer le port du voile mais foulée aux pieds quand il s'agit de la liberté d'expression, notamment celle des caricaturistes. Ce double standard relève en réalité d'une même intention liberticide : il justifie une soumission d'un côté – le voile – et blâme une irrévérence de l'autre – les caricatures –, des tueurs se chargeant parfois du reste. Il ne vous échappe pas non plus que caresser l'abaya dans le sens de la trame fournit à certains une force d'appoint électorale, voire insurrectionnelle. Il y aurait là du diabolique, tant le *diabolos* grec désigne ce qui sépare et divise.

Madame, vous avez disconvenu aux yeux de certains en soutenant ainsi des positions dictées par votre seule conscience. L'époque se déplace autour de votre courage et fait apparaître des procureurs. Leurs prétoires sont faits de pancartes, de tweets et de menaces. Pour oser sous cette Coupole un néologisme anglicisé, vous avez été « cancellée ». Ce serait un hommage à l'effectivité de votre pensée si cela ne s'exprimait par le bâillon qui veut la réduire. Des sympathies nombreuses se manifestent néanmoins, vous le mesurez bien, et il nous reste à chacun la ressource de ce qui fut rêvé. Ainsi que l'écrivait Henry James : « Nous vivons dans l'obscurité, nous faisons ce que nous pouvons, le reste est la folie de l'art. »

L'art. Votre art de prédilection, le théâtre, vous y étiez précisément revenue en 2008 avec *Drame des sexes*, un essai où vos interrogations perdurent, puisque vous y étudiez les malentendus qui unissent et séparent la femme asservie et l'homme bousculé, à travers les œuvres du Norvégien Ibsen, marié une fois, du Suédois Strindberg, marié trois fois, et du Suédois Bergman, marié cinq fois. Autrement dit, comment la vie privée des Européens du Nord fut traversée par des crispations que le théâtre et le cinéma ont dramatisées, ce que Strindberg nommait « la doublure de la robe », c'est-à-dire l'envers de l'amour. Points communs entre ces trois créateurs : une contestation du père, une récession de l'autorité masculine, une désacralisation du mariage.

Vous montrez que, chez Ibsen, la pétition de dignité féminine passe par l'émancipation des stéréotypes.

Hedda Gabler ou la Nora d'*Une maison de poupée* vitriolent la vieille essentialisation inégale des sexes. C'est un théâtre de l'écart qui consacre la liberté comme mort du lieu commun, au fil de dialogues où les femmes marquent une confiance dans le langage que les hommes maîtrisent moins.

Plus éruptif est Strindberg, porteur d'une vision naturaliste des sexes comme des espèces rivales que le mariage bourgeois tente d'accorder en canalisant les conflits et le désir. Mais la pellicule de civilisation contient mal des affects dont le dramaturge met en scène l'explosion. C'est un théâtre de la fracture, voire de la sauvagerie, qui à travers *Mademoiselle Julie* ou *La Danse de mort* montre des hommes vampirisés, punis de cette misogynie douloureuse qui veut voir dans le frou-frou d'une robe les puissances du diable.

Plus proche de nous est l'œuvre d'Ingmar Bergman, le cinéaste de la persona, c'est-à-dire du masque social, attentif à ce que le désir amoureux suppose de méconnaissance de soi. Mû par un sens du sacré sans Dieu, le démiurge des *Scènes de la vie conjugale* explore des amertumes insulaires au fil de face-à-face où le silence joue comme un personnage entre les personnages. Mais nous sommes alors au XXe siècle, les femmes de son cinéma sont entreprenantes, elles sollicitent les hommes mais les répudient aussi.

En détectant chez ces créateurs « la survivance d'une figure menaçante de l'autre », vous les considérez avec la sagesse de l'herméneute et l'irénisme de l'expérience. Vous marquez aussi de l'indulgence devant le désarroi de ces hommes destitués face à des femmes s'émancipant de leur légende angélique. Ces perturbés du Nord sont souvent à l'ouest. En creux, ce qui semble manquer à ces Septentrionaux rigides, c'est peut-être un peu de Lubitsch ou de Billy Wilder, un peu de ce Witz que la Mitteleuropa sut maintenir et propager au-delà de ses tragédies.

Madame, vous rejoignez quant à vous une Compagnie qui n'est pas située à Stockholm mais dont les usages se sont assouplis. Le temps s'éloigne où François Mauriac décrivait l'Académie comme un cénacle où l'on « dialogue de socle à socle ». Un temps où ce mauvais esprit prétendait que lorsqu'il pénétrait le jeudi dans notre salle du Dictionnaire, il voyait trois mots se peindre bibliquement en lettres de feu sur le mur : « Prostate, prostate, prostate ». Cela ne suffit plus, nos consœurs peuvent en témoigner. Vous n'entendrez pas l'adresse que l'abbé de La Chambre réserva à La Fontaine au jour de sa réception : « Ne comptez donc pour rien, monsieur, tout ce que vous avez fait par le passé » – autrement dit : « Oubliez en gagnant votre fauteuil ces *Fables* qui ont fait votre gloire. »

Nous vous épargnerons une telle invocation jalouse, mesurant au contraire combien vous avez su, pour citer Malraux, transformer de l'expérience en conscience, et inscrire votre passage dans des livres qui font foi.

Résumons-nous. Vous avez été l'analyste des préséances masculines à travers divers régimes de pensée, le droit romain, la patristique, la philosophie, la politique et le théâtre. Vous n'avez cessé d'opposer à ces constructions mentales tout ce qui les dément du côté de la vie physique, de l'expérience érotique, de la liberté des élans.

Votre féminisme porte ainsi au respect de l'intégrité du corps, qu'il ait été naguère soumis à un ordre patriarcal ou désormais regardé comme une machine disponible pour le marché. Vous plaidez contre le primat théologique du masculin et l'exploitation vénale du féminin, contre le corps subordonné autant que le corps soldé, en pointant ces régressions qui couvrent désormais d'un voile de bigoterie dangereuse la liberté de Marianne.

Comme philosophe, vous avez fondé en raison les positions que vous soutenez dans la cité. Vous travaillez à ciel ouvert, on pourrait dire à cerveau ouvert, avec un souci de progression pédagogique. Petite-fille d'immigré, vous êtes française par la vocation à l'intelligible et l'aptitude au décentrement. Et vous tenez que l'Europe peut encore se penser en termes de civilisation, héritière mais ouverte. Vous pourriez contresigner la fameuse phrase de Nietzsche : « Malheur à moi, je suis nuance. »

Cette pensée de la mesure vous place pour certains contemporains du côté d'une modération reprochable. Vous illustrez un féminisme girondin quand les Jacobins se tiennent désormais sur les campus américains. À rebours de la véhémence des ignorants, vous faites part de ce que l'on pourrait appeler l'émerveillement du chercheur, la *libido sciendi*, le désir d'apprendre, ce trait vital par lequel une existence se voit justifiée. Peut-être êtes-vous devenue, à l'instar de votre grand-père, experte en poteaux de soutènement pour galeries d'extraction. Et votre excavateur est resté la pensée. Vous ne souscririez pas à cette affirmation de Borges selon lequel la philosophie n'est qu'un rameau de la littérature fantastique, même si certains théoriciens donnent parfois le sentiment de nous faire monter dans un train fantôme. André Gide divisait le genre humain entre les subtils et les crustacés. Vous avez choisi la subtilité. Et la singularité d'une pensée non alignée, souvent inassignable, comme l'est la liberté.

En somme, vous rejoignez la première femme. Nous devons à l'Ève biblique d'être sortis de l'Éden pour entrer dans l'Histoire et la volonté de savoir, ce qui justifie depuis 1635 l'existence de notre Compagnie. Si le fait d'avoir croqué une pomme vous amène parmi nous, louons les pommes, même si ce fruit de genre féminin tombe d'un arbre, le pommier, de genre masculin – décidément, on n'en sort pas.

« Le temps est une chose étrange », chantait la Maréchale du *Chevalier à la rose*. Dans ses spirales, ses aléas, ses récurrences, il vous aura ramenée vers une origine. Vous m'avez confié ceci : deux semaines après votre élection, vous êtes invitée à la commémoration de la naissance de Fernand Gregh pour y représenter l'Académie française, dans l'ancienne maison de campagne du poète et académicien sise à Thomery, en Seine-et-Marne, à la lisière de la forêt de Fontainebleau. C'est son fauteuil que vous occuperez désormais. Né en 1873 et disparu en 1960, l'écrivain y accueillit Mallarmé, Degas, Anna de Noailles, et des académiciens tels Anatole France ou Maurice Genevoix. Or vous avez passé votre prime enfance, entre les âges de deux et sept ans, à Thomery, tout près de l'église, non loin du Bois-Bliaud où se tient sa demeure. Sylviane, vous étiez revenue au lieu où Fernand vous attendait, comme nous vous recevons aujourd'hui dans son autre maison.

Deux choses encore.

Inquiet des concurrences par lesquelles l'époque nous défie, j'ai pris la liberté il y a quelque temps de solliciter un logiciel d'intelligence artificielle afin qu'il rédige votre discours de réception. La machine fut généreuse, puisqu'elle me fournit non seulement une maquette de votre discours, mais une proposition de texte pour le mien. Ajoutons à son crédit que l'ensemble était exempt de toute faute d'orthographe. Pour le reste, c'était indigent : une compilation de formules en usage dans les rites de célébration, mais d'une impersonnalité telle qu'elle ne pouvait qu'engendrer une immodestie comparative. Ce n'est donc pas un algorithme qui vous reçoit cet après-midi, mais l'un des promeneurs de cette forêt des mots qu'est l'Académie française. Selon votre goût, vous y trouverez un herbier de différences où les idées sont mises en culture et refleurissent à la saison.

Ceci enfin. Vous avez été élue le 1er juin 2023 sous l'égide de celle qui était alors notre secrétaire perpétuel, Hélène Carrère d'Encausse, laquelle avait désigné celui qui vous recevrait. Ce pacte nous oblige. Vous prenez rang aujourd'hui dans une Compagnie dont elle fut pendant vingt-quatre ans l'âme et la gardienne, par son inlassable dévouement, sa malice studieuse, son inoubliable présence. Vous serez la dernière élue à porter la lumière d'Hélène. C'est aussi son souvenir qui vous accueille comme il nous accompagne.

Soyez donc la bienvenue, madame, dans cette ancienne et entêtée tribu d'augustes machos qui ne se passera plus de la grâce et de la sagesse des femmes.

Table

L'Épée

La Coupole

RÉALISATION : NORD COMPO À VILLENEUVE-D'ASCQ
IMPRESSION : PRÉSENCE GRAPHIQUE
DÉPÔT LÉGAL : MARS 2025. N° 158846 (022580855)
IMPRIMÉ EN FRANCE